el bebé
de 0 a 3 años

Coco Valero

LIBSA

© 2005, Editorial LIBSA
San Rafael, 4
28108 Alcobendas. Madrid
Tel. (34) 91 657 25 80
Fax (34) 91 657 25 83
e mail: libsa@libsa.es
www.libsa.es

Textos: Coco Valero
Dibujos: Sandra Llanas
Edición: Equipo Editorial Libsa

ISBN: 84-662-1027-X
Depósito legal: CO-1386-04

Agradecimientos: los editores agradecen su colaboración
a los pequeños modelos que posaron para el libro:
Alberto Álvarez, Daniel Berzal, Ainhoa Cantarero, Laura Durán, Samuel Garrido,
Nicolás Gheorghiu, Óscar Jiménez, Lucía Jusdado, Marta López, Daniel Lorite,
Laura Márquez, Marta y Amanda Morales, Antonio Moreno,
Luis y Sergio Nieto, Claudia Ortiz, Daniel y Juan Ponce,
Raúl y Juan del Pozo, Cristina Prado, Ana y Marta Pulido,
Elvira Suárez, Javier Testillano, Mavi Vega y Cristina Verdejo.

Contenido

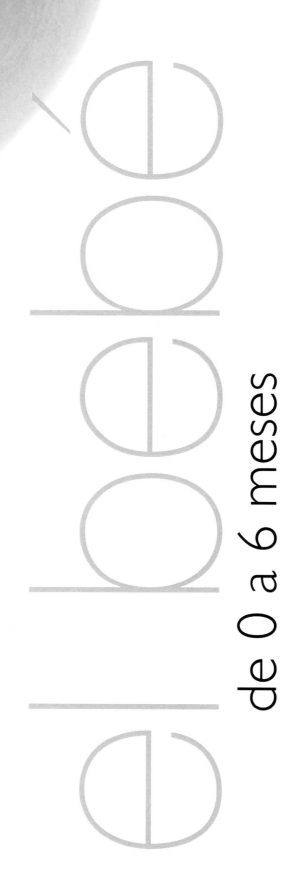

el bebé

de 0 a 6 meses

Sus primeros 6 meses

Un buen día, un hombre y una mujer relacionados a través del más poderoso de los sentimientos humanos —el amor— se constituyen en pareja y deciden tener un hijo. Se trata de una decisión de importancia trascendental que va a revolucionar profundamente el cómodo sendero por el que hasta ahora venían discurriendo sus vidas. Una nueva vida, deseada y esperada, que llegará con la bolsa de los regalos llena de satisfacciones pero también de inquietudes.

Día a día, a lo largo de nueve meses, la mujer ha ido adquiriendo la categoría de madre. Ha cuidado de su cuerpo para así cuidar del de su hijo. Ha compartido con su compañero ilusiones y esperanzas y entre los dos han ido forjando un sentimiento que se asemeja mucho a la felicidad.

Y LLEGA EL GRAN DÍA

Aquellas esperanzas y también aquellas inquietudes toman forma. Hasta este momento, ese maravilloso y emocionante ser ha vivido y crecido extrayendo alimento, calor y protección de la propia vida de su madre, cuyo cuerpo, sorprendentemente eficiente, ha cumplido perfectamente con esa misión. De pronto, los padres pueden ver, oír y tocar a ese nuevo ser humano, derramar sobre él todo el amor del mundo y disfrutar juntos del placer indescriptible que proporciona el haber creado una nueva vida. A partir de ahora, como en las películas de acción, los hechos se precipitarán a una velocidad increíble.

Los bebés crecen con gran rapidez. Casi sin darnos cuenta pasan de una primera etapa en la que tan solo son criaturas indefensas y aparentemente incapaces de comunicarse con su entorno, a percibir con claridad la voz de las personas que les rodean y a seguir con la mirada los movimientos que se producen cerca de ellos. De repente son capaces de ponerse de pie con sus manitas aferradas a la barandilla de su cuna, mientras emiten unos gorjeos en los que sólo sus padres reconocen con gran claridad las palabras «papá» y «mamá», lo que les hace sentirse felices y orgullosos. Comenzarán a moverse por sus propios medios, primero gateando y luego caminando con graciosa inseguridad. Les brotarán los dientes. Pasarán de la lactancia instintiva, a comer casi en serio disfrutando de sus sabores favoritos. Aquellos gorjeos se van convirtiendo en palabras que ya son reconocibles por una mayor cantidad de personas y terminan por convertirse en un lenguaje que les permite hablar hasta por los codos. El bebé se ha convertido en un niño al que hay que hay que cuidar, educar y, sobre todo, amar.

Este libro tiene el propósito de orientar a los padres sobre todos los temas que son importantes para el cuidado de bebés desde el nacimiento hasta los tres años. Su objetivo es el de proporcionar respuestas sencillas a preguntas sobre temas tales como la higiene del bebé, la colocación de los pañales o la preparación de un biberón. Pero es también objetivo de este libro orientar a los padres en temas algo más complejos que tienen que ver con la salud y el bienestar, no sólo del bebé, sino también de la madre, que en esta nueva etapa debe cuidar de sí misma con tanta exigencia como lo hizo durante el embarazo.

Es cierto que consejos y orientaciones son producto de la larga experiencia que el conjunto de la sociedad ha ido adquiriendo en los cuidados de tantas y tantas generaciones de bebés, pero ocurre que cada bebé es único y son sólo sus padres, especialmente sus madres, quienes observando los avances, las diferentes reacciones ante los cuidados que se les proporcionan, irán conformando la inteligencia y las emociones de su bebé, encaminándolas hacia el mayor grado de felicidad posible en el presente y también en el futuro. Hay un instrumento sumamente eficaz para desarrollar esa delicada misión y todos los padres disponen de él en abundancia:

ESE INSTRUMENTO NO ES OTRO QUE EL AMOR.

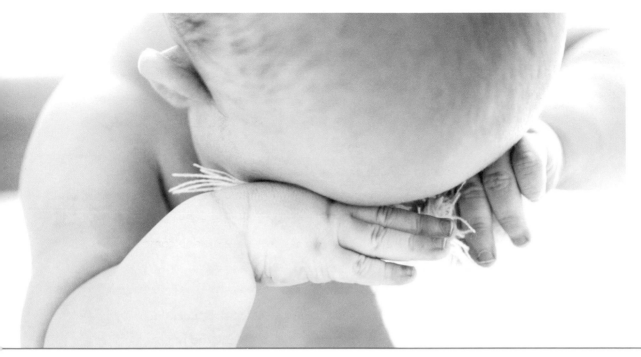

¿A quién se parece?

CUANDO EL RECIÉN NACIDO ES PRESENTADO AL RESTO DE SU FAMILIA, SIEMPRE SURGEN LAS MÁS DIVERSAS OPINIONES SOBRE SUS SEMEJANZAS FÍSICAS. «TIENE LA FORMA DE CARA DE FULANITO», «LA BOCA ES IDÉNTICA A LA DE SU PADRE» O «NO HAY DUDA, SUS RASGOS SON LOS DE LA RAMA MATERNA». SALVO EN CONTADAS OCASIONES, SEGURAMENTE EL BEBÉ TODAVÍA NO SE PARECE A NADIE DETERMINADO, A NO SER A MUCHOS OTROS BEBÉS QUE COMPARTEN CON ÉL CIERTAS CARACTERÍSTICAS FÍSICAS PROPIAS DE LOS NEONATOS.

Sin embargo, en el momento en que el óvulo y el espermatozoide se fusionaron dando origen a su vida, heredó la carga genética de sus progenitores, que a su vez la heredaron de las generaciones que les precedieron. Pero sabemos que esta carga genética no implica que los hijos sean idénticos a los padres, como si se tratasen de una copia clónica, por la sencilla razón de que cada ser humano posee ochenta mil genes diferentes, procedentes a partes iguales del padre y de la madre. Un solo gen no es suficiente para determinar, por ejemplo, el color de los ojos, que depende de la cantidad de melanina concentrada en el iris; es necesario que intervengan más genes.

El único aspecto biológico que se reduce a la intervención de un solo gen es el factor Rh, siendo el positivo el que domina sobre el negativo. Pero los genes que determinan el color oscuro de la piel, de los ojos y de los cabellos son más dominantes y se imponen sobre los que inciden en la pigmentación de los cabellos rubios y el color azul de los ojos. A éstos últimos se les denominó, hasta hace poco, genes recesivos.

No es raro que entre una familia compuesta por padres e hijos con ojos oscuros, uno de éstos tenga ojos azules, pero para que ocurra es necesario que los dos padres posean el gen transmisor. También es cierto que la carga genética influye en otras varias características, como en la estatura (si ambos padres son altos, los hijos tenderán a superar esa altura) o en el óvalo del rostro, en los hoyuelos de las mejillas o de la barbilla, o en la alopecia (hay más de un 50% de probabilidades de que un hombre herede de su padre la calvicie).

Las recientes investigaciones del genoma humano han abierto un extenso campo en el área de herencias genéticas que no se limitan a las semejanzas físicas exteriores. Van mucho más lejos e inciden en la predisposición a algunos tipos de enfermedad e, incluso, a determinados comportamientos. Pero no podemos responsabilizar de todo a los genes, pues la circunstancia de cada niño en relación al entorno en que nace y se desarrolla es, sin duda, un factor determinante para la formación del adulto que será mañana.

ESPERANDO GEMELOS

Cuando un óvulo se divide poco después de la fecundación se produce el embarazo de gemelos. A este embarazo se le conoce como univitelino o monocigótico y tiene una única placenta. Los gemelos comparten el mismo mapa genético, el mismo sexo y el mismo grupo sanguíneo, por lo que son muy parecidos físicamente, tanto, que en algunos casos llegan a parecer idénticos.

Pero si dos espermatozoides fecundan dos óvulos, se produce el embarazo dicigótico o bivitelino que se desarrolla en dos bolsas y dos placentas y los gemelos, mellizos en este caso, no tendrán más semejanzas que las que puedan tener dos hermanos de diferentes edades.

La incidencia de partos dobles es de uno por ochenta y de cada diez pares de gemelos, siete son bivitelinos.

Desde la primera sospecha de embarazo múltiple y su confirmación por ecografía, el médico informará a la gestante de los cuidados especiales que deberá observar en relación a los riesgos de parto prematuro, anemia, placenta previa, preeclampsia y hemorragia después del parto.

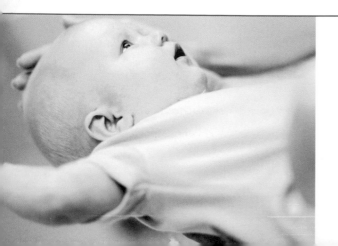

Cada ser humano tiene unos cien mil genes que se distribuyen en parejas (un gen del padre y uno de la madre), de modo que cada gen es un alelo con respecto a su pareja. Si un alelo de «ojos ocuros» aparece junto a otro de «ojos claros», normalmente predominará el oscuro, que es dominante, sobre el claro, que es recesivo.

*El embarazo de **mellizos** supone que dos óvulos son fecundados por dos espermatozoides distintos.*

Lo más importante es mantener un conveniente descanso a lo largo de los nueve meses, puesto que el esfuerzo requerido es mayor y el peso del vientre es considerablemente superior. Las molestias se multiplican y para aliviarlas existen tablas de ejercicios que fortalecen los músculos (aunque no se deberán hacer a partir de la 24ª semana ya que, como hemos referido, existe mayor riesgo de parto prematuro en los embarazos de gemelos). Lo que sí suele ocurrir es que el parto se adelante a la semana 37ª, por lo que los bebés nacerán con un peso inferior. La razón para este adelanto es la falta de espacio en la cavidad uterina.

Con la vigilancia del obstetra y la buena colaboración de la gestante, las perspectivas de un buen embarazo, llevado a su término con salud, son tan optimistas como las de cualquier gestación normal.

Es natural que la madre, una vez en casa, necesite más ayuda que la que requiere la atención a un solo bebé. Las tomas, el cambio de pañales, los baños, vestirles...Toda la colaboración que el padre y cualquier otro miembro de la fa-

*El embarazo **gemelar** se produce cuando un óvulo se fecunda por un espermatozoide y después se divide en dos.*

milia pueda prestar a esta mamá por partida doble será, ciertamente, un gran alivio que ella agradecerá mucho.

PREPARANDO LA CANASTILLA

Una de las cosas que más ilusionan a los padres, sobre todo a la madre gestante, es la preparación de todas las ropitas, artículos de higiene y objetos que el tan esperado hijo va a necesitar en cuanto nazca. Hay tiempo suficiente durante el embarazo para ir comprando, poco a poco, las cosas que más se adecuen al gusto, comodidad o presupuesto. Es aconsejable tomarse ese tiempo para poder escoger tranquilamente entre la gran variedad de productos existentes en el mercado.

Hoy en día la canastilla, en el capítulo de ropa, se ha simplificado considerablemente, además de contar con una serie de artículos que aportan mucho más confort al bebé y más comodidad a la madre. Un simple *body* y un pañal desechable suplen, con clara ventaja, a una camisita de batista sin manga, una camise-ta de algodón con manga, un triángulo de gasa absorbente, un pañal de gasa y una braguita de plástico. Dos simples piezas hacen las veces de cinco, cosa que suena muy bien. Basándonos en estos productos, la canastilla del bebé recién nacido debe constar de:

- Uno o dos cambiadores
- Pañales tamaño recién nacido
- Ocho *bodys* de algodón con manga larga
- Seis pijamas enteros, abrochados en el interior de las piernas
- Seis jerséis
- Seis pares de patucos o calcetines
- Dos gorros
- Ocho baberos
- Dos peleles
- Un saco o buzo, con manoplas y capucha (para la calle)
- Dos toquillas o arrullos
- Jabón líquido de bebé
- Colonia de bebé
- Alcohol y gasas

Además, en la canastilla se puede tener suero fisiológico y un aspirador nasal, así como un termómetro especial para el bebé.

- Toallitas húmedas
- Leche corporal o aceite
- Bálsamo en pomada
- Esponja suave (natural)
- Cepillo de pelo suave
- Tijeritas de uñas con la punta redondeada

Esta sería una canastilla elaborada para el invierno, pero si el bebé llega al mundo en los meses calientes de verano, se eliminarán el saco o el buzo y las otras prendas se mantendrán en la cantidad pero no en las características, que se adaptarán a la ropa fresquita apropiada para el calor.

Siempre es conveniente recordar que los bebés crecen y engordan tan rápidamente que la ropa deja de servirles en muy poco tiempo, por lo que se recomienda alguna contención a la hora de comprar.

EL CUARTO DEL BEBÉ

Cada vez con mayor frecuencia los padres deciden que el bebé debe ocupar su cuarto desde el momento que llega a casa. Esta es una decisión apoyada por casi todos los especialistas que creen que el bebé debe adaptarse desde el principio al entorno creado especialmente para él. Es también una forma de evitarle el más que probable desasosiego de una mudanza posterior, cuando ya esté acostumbrado a dormir en el cuarto de sus padres.

La habitación del bebé puede decorarse de diversas maneras: empapelada, pintada, sofisticada o sencilla. Es igual, lo importante es que se cree un espacio donde el pequeño se sienta cómodo y seguro, un espacio alegre y práctico al mismo tiempo, al que se puedan ir modificando e incorporando elementos a la medida del crecimiento y necesidades de la personita que lo ocupa.

El mobiliario debe ser el justo, para no ocupar demasiado el área disponible. Hay que elegir piezas coordinadas de fácil limpieza y colores claros. Es conveniente visitar las tiendas especializadas con tiempo suficiente para comparar y decidir. Es mejor coordinar el color de los muebles elegidos con el de las paredes y los materiales textiles que completarán la decoración. La oferta es enorme, por lo que la decisión puede ser un poco complicada. Hay muebles por módulos, que pueden adaptarse a la medida del crecimiento del bebé; lo que en principio es una cómoda con cambiador, podrá convertirse en armario, cómoda y mesa más tarde. Lo mejor es solicitar un catálogo de la opción que parezca más adecuada o dejarse asesorar por un dependiente especializado en el tema.

Los muebles que pueden considerarse imprescindibles son: una minicuna o moisés o el cuco para los primeros meses (hay padres que utilizan desde el principio la cuna normal), cómoda de cajones para ordenar la ropa por separado, cambiador, armario con colgadores, la cuna, con lado abatible y protectores internos que servirá hasta los tres años y una silla cómoda para que la madre pueda alimentar a su hijo sin tener que sacarle de la habitación.

Tanto la preparación de la canastilla como la del cuarto ocupan momentos de gran ilusión. Al elegir cada objeto es como una pequeña anticipación del cariño que va a recibir su dueño y resultará muy gratificante para los padres el tiempo dedicado a esa cuidadosa selección.

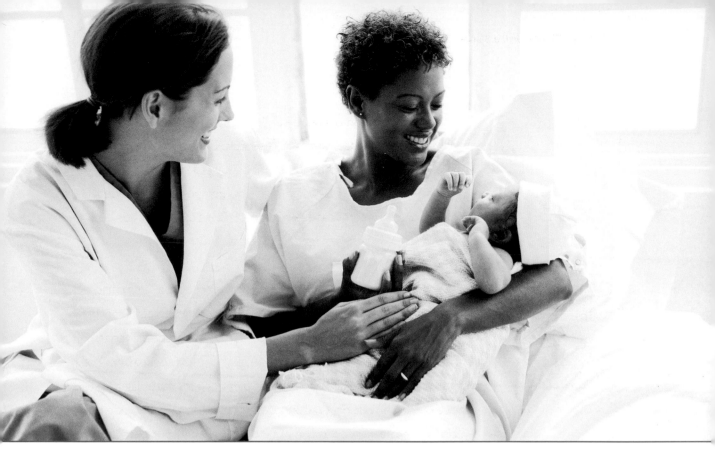

Ese día irrepetible

ESDE LA PRIMERA DUDA, SEGURA-MENTE DISIPADA TRAS CONSULTAR UNO DE LOS VARIADOS SISTEMAS DE PRUEBA QUE SE ADQUIEREN EN LA FARMACIA, HASTA COMPLETAR LAS CUARENTA SEMANAS DE UN EMBARAZO NORMAL, LAS CONSULTAS AL MÉDICO SON FRECUENTES. CON EL APOYO DE ANÁLISIS Y ECO-GRAFÍAS, ÉL VIGILA REGULARMENTE EL DESARROLLO DEL FETO, INFORMA A LOS PADRES SOBRE LA SALUD, EL CRECIMIENTO, LAS CONSTANTES VITALES Y, EN MU-CHOS CASOS, TAMBIÉN SOBRE EL SEXO DEL FUTURO BEBÉ.

Gracias a la tecnología moderna la com-prensible ansiedad que sufrían los futuros padres de hace tan solo unas décadas se ha minimizado considerablemente. Hoy pueden conocer a su bebé, observar los latidos de su pequeño cora-zón, comprobar cómo hacia el final del primer tri-mestre abre y cierra sus manitas completamente formadas y consigue chuparse el dedo pulgar in-tentando succionar. Vivirán esa experiencia emo-cionante de ver cómo el bebé traga, tose, hace pis y suele tener ataques de hipo.

Poco después de que el sistema inmu-nológico y la nueva producción hormonal cumplan su papel para acoger al nuevo ser que empieza a formarse, el organismo de la gestante comienza a avisarla de las transfor-maciones que en él se están produciendo. Transformaciones que se harán visibles a me-dida que su futuro hijo requiera el espacio que va necesitando.

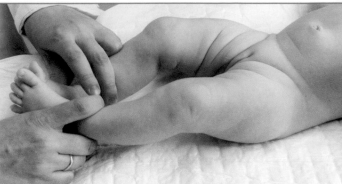

En tanto que el abdomen de la madre se va abultando, ésta se va haciendo más y más consciente del potente lazo que le une a esa criatura independiente que siente en su interior y conoce a través de la ecografía. Notará cómo su hijo reacciona al ruido exterior, calmará su inquietud con unos suaves masajes a través de su propio vientre, le hablará y le cantará dulcemente.

El tiempo de gestación está llegando a su fin. El gran día se aproxima, ese día en que, por fin, podrá recibir en sus brazos la nueva vida que ha ayudado a crear.

Nadie sabe explicar qué es eso de nacer. Por mucho que queramos imaginarlo no podemos tener conocimiento de lo que siente un bebé durante la trayectoria por ese túnel rodeado de hueso, que le lleva desde su refugio cálido y confortable, hasta otro mundo lleno de luz y ruidos en el que todo le es hostil. Sabemos, y otra vez gracias a las nuevas técnicas, que es el propio bebé con sus movimientos el que inicia las contracciones que dan comienzo al trabajo de parto. Sabemos también, por sus descargas de adrenalina, así como por los rápidos cambios en la frecuencia de sus latidos cardíacos, que la experiencia del nacimiento es, sin duda alguna, agotadora y traumática para él.

Acostumbrado a su anterior habitáculo oscuro, líquido y silencioso, tiene que poner en marcha hasta el último e ínfimo fragmento de su sistema nervioso para hacer el enorme esfuerzo que le supone respirar por él mismo. La placenta, que a través de la corriente sanguínea de la madre hizo llegar el oxígeno a su organismo, ha finalizado su trabajo.

La matrona deposita al recién nacido sobre el pecho de la madre. El primer contacto, el primer abrazo que ella recordará durante toda su vida. Un momento emocionalmente intenso que dura tan solo un minuto porque hay que dispensar la debida asistencia al bebé.

LOS PRIMEROS CUIDADOS

Para el perfecto estado del niño, y después de haberle cortado el cordón umbilical que le mantuvo unido a la placenta, la matrona le somete a un conjunto de pruebas antes de ponerle en manos del especialista en neonatolo-

Test de Apgar

En los hospitales se dispensa a los nuevos padres el documento de salud infantil, donde podrán informarse de las tablas de crecimiento y podrán leer consejos médicos para el cuidado de sus hijos. En él se apuntarán las vacunas y todos los datos de interés desde el punto de vista médico.

gía. Estas pruebas son conocidas como el Test de Apgar. Hace cincuenta años, la doctora norteamericana Virginia Apgar descubrió la forma de valorar, inmediatamente después del nacimiento, la vitalidad del recién nacido. El test se basa en cinco parámetros que se puntúan de cero a dos, siendo diez la puntuación máxima.

El test de Apgar se realiza al minuto de nacer al bebé y se repite pasados cinco minutos. Este test es fundamental para detectar precozmente futuros problemas.

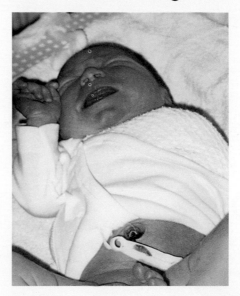

Pulso / ritmo cardíaco:
Mide la regularidad de los latidos del corazón.

Respiración:
Revela la madurez de los pulmones y la salud del sistema respiratorio.

Movimientos:
Indican el tono muscular del neonato.

Coloración de la piel:
Muestra el grado de oxigenación. Una piel sonrosada determina un excelente grado de oxigenación.

Reflejos:
Las respuestas espontáneas como llorar, hacer muecas o retraerse indican la buena reacción del bebé a los estímulos.

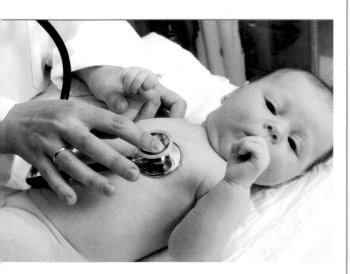

En el momento del alumbramiento la piel suele tener un tono azulado y algunos bebés tardan más que otros en adquirir el característico color rosado, porque necesitan un poco más de tiempo para recuperarse. Esta pequeña anomalía resta un punto en el primer examen. Las pruebas se repiten cinco minutos después para evaluar la recuperación del niño. Aunque la puntuación total sea nueve, o incluso ocho, su estado de salud es perfectamente normal. Solamente en el caso de que no supere los siete puntos, el bebé deberá permanecer unas horas en neonatología para su observación.

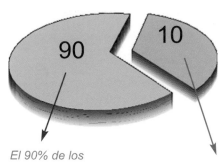

El 90% de los neonatos pesan entre 2,5 y 4,5 kg.

El 10% de los neonatos están por encima o por debajo del peso medio.

EL PESO Y LA TALLA

Inmediatamente después de realizar el Test de Apgar, la matrona procede a pesar y medir al recién nacido. El peso medio es de 3,4 kg (estadísticamente el 90% de los neonatos pesan entre 2,5 y 4,5 kg) y la media de su longitud se cifra en 50 cm (el 95% mide al nacer entre 45 y

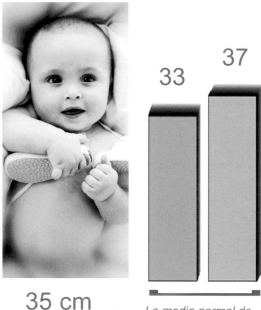

35 cm

La media normal de perímetro craneal.

55 cm). El perímetro de la cabeza es de 35 cm aunque una medida normal puede situarse entre 33 y 37 cm.

Además, al bebé se le pone un colirio en los ojos para prevenir una posible infección, se le hace la primera cura del ombligo y se le pondrá una inyección de vitamina K para evitar hemo-

Talla del 95% al nacer

Tabla de percentiles más habituales en niños y niñas de cero a tres años.

Edad	NIÑOS		NIÑAS	
	Talla	Peso	Talla	Peso
Nacimiento	50.2	3.5	49,1	3,3
1 mes	54,0	4,4	53,1	4,3
2 meses	57,0	5,4	56,5	5,0
3 meses	60,4	6,2	58,9	5,7
4 meses	63,0	7,0	62,0	6,2
5 meses	65,0	7,6	63,9	7,0
6 meses	66,7	8,0	65,3	7,4
7 meses	68,2	8,5	67,0	8,0
8 meses	70,0	8,9	68,1	8,2
9 meeses	71,1	9,3	69,4	8,6
10 meses	72,4	9,6	71,0	8,9
11 meses	74,0	9,9	72,1	9,1
12 meses	75,1	70,4	73,3	9,6
2 años	86,7	12,7	85,4	12,1
3 años	95,2	14,8	94,1	14,5

rragias. A continuación le vestirán y le pondrán en los brazos de su madre para que puedan descansar en la habitación y, cara a cara, comience la unión entre los dos. Es entonces cuando los padres van descubriendo todos los rasgos físicos del pequeño mientras éste, agotado por su reciente y traumática experiencia, suele conciliar un sueño reparador de unas seis horas de duración, durante el cual parece no querer despertarse.

Después de su vida anterior en un lugar apacible, confortable y placentero es lógico que el bebé necesite algunas semanas de adaptación a su nuevo entorno en el que tiene que respirar, comer, hacer sus necesidades y hasta protestar cuando algo le molesta. Pero él conseguirá adaptarse paulatinamente a su reciente mundo, con pequeños ajustes de su sistema corporal.

LA PRUEBA DEL TALÓN

Su denominación científica es Test de Metabolopatías. Se trata de dos extracciones de sangre en el talón del bebé: una a los dos días de nacer (normalmente en el mismo hospital) y otra a la semana del parto. Con esta prueba los médicos

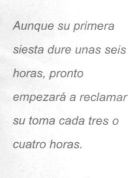

Aunque su primera siesta dure unas seis horas, pronto empezará a reclamar su toma cada tres o cuatro horas.

pueden diagnosticar precozmente enfermedades que no manifiestan síntomas visibles y que, si no son tratadas, pueden producir lesiones muy graves e irreversibles. Enfermedades como:

FENILCETONURIA

Se presenta en un niño de cada quince mil. Es una enfermedad heredada de padres que, siendo portadores, no la padecen. Está causada por una incapacidad orgánica en digerir normalmente las proteínas y produce retraso mental. El tratamiento consiste en una dieta baja en *fenilalanina*, un aminoácido esencial del que derivan varias sustancias, como la adrenalina, la tiroxina, etc.

GALACTOSEMIA

Heredada también de padres portadores no afectados por la enfermedad. Se da en un niño de cada sesenta mil y se caracteriza por la incapacidad del organismo en metabolizar la galactosa (azúcar contenida en la leche). Puede producir retraso mental, cataratas y dilatación del hígado. Para tratar esta enfermedad el especialista recomendará una dieta sin productos lácteos.

HIPOTIROIDISMO

Se presenta en un niño de cada cinco mil y se manifiesta por estados de letargo y ritmos metabólicos bajos. Está causada por un defecto en el desarrollo del tiroides y se trata con medicación cuya base es la hormona de la glándula tiroidea.

La prueba del talón es el nombre popular que se da al Test de Metabolopatías. El análisis permitirá el diagnóstico precoz de la fenilcetonuria y el hipotiroidismo, entre otras patologías graves.

Incluso en bebés que han nacido completamente sanos, es necesario hacer un control médico en sus primeras horas de vida para descartar problemas posteriores.

Si con el análisis de sangre se detectase la presencia de cualquiera de estas enfermedades, el Centro de Diagnóstico de Enfermedades Moleculares sometería al bebé a una serie de pruebas para su confirmación. El comienzo inmediato del tratamiento adecuado permite que el niño viva sano y se desarrolle normalmente.

EL PRIMER CONTROL MÉDICO INTEGRAL

Durante las primeras veinticuatro horas de vida, el especialista en neonatología hará una revisión

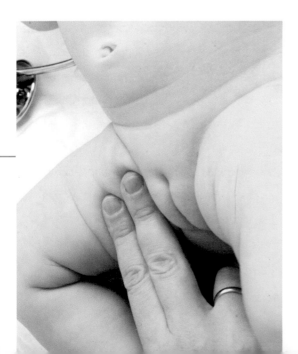

completa al bebé. Sería deseable que los padres estuvieran presentes para que puedieran seguir paso a paso este examen. El médico podría responder a cualquier pregunta y disipar alguna duda si la hubiese.

Estas son algunas de las comprobaciones que se harán en ese reconocimiento:

ESTADO GENERAL

Tomando al bebé entre sus manos, el especialista evaluará el color de la piel, la elasticidad de los brazos y piernas, las reacciones ante su nueva situación, el tamaño y forma del cráneo o el estado de la fontanela. La fontanela es una región membranosa, no osificada, que se encuentra en el cráneo del bebé. En realidad son cuatro las fontanelas que existen en el cráneo al nacer. La lamboidea, situada entre los parietales y el occipital; la mastoidea, entre temporal y parietal, la esfenoidal; entre esfenoides, parietal y frontal; y la mayor o bregmática, que se encuentra entre

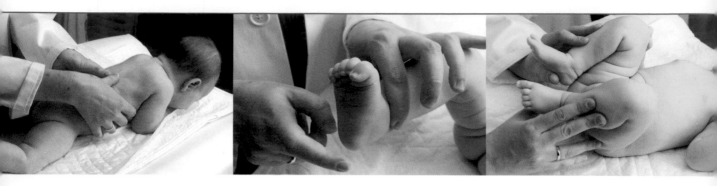

los frontales y los parietales. Esta última desaparece cuando el niño tiene entre dieciocho meses y tres años; las otras a los seis meses de vida. A medida que el tejido óseo se va formando, sustituye al tejido primitivo de la fontanela, hasta que ésta desaparece por completo. En bebés con poco pelo puede apreciarse perfectamente el latido del pulso en la fontanela.

COMPROBACIÓN DEL ESTADO DEL CORAZÓN Y LOS PULMONES

El neonatólogo usará un estetoscopio para auscultar el pecho del bebé. Comprobará que su respiración es firme y tiene la frecuencia adecuada y que el latido de su corazón es el normal.

COMPROBACIÓN DE LOS ÓRGANOS INTERNOS

A través del tacto, con la punta de los dedos, el médico irá examinando y evaluando que el hígado, el bazo, los riñones y los intestinos tienen el tama-

Antes de que os llevéis al bebé a casa, tendréis un completo informe de su salud general.

ño y la situación correcta. Controlará también el pulso en la ingle y se asegurará de que el bebé no tiene el vientre hinchado ni muestra dolor durante la exploración.

COMPROBACIÓN DEL OMBLIGO

Ese trocito de cordón umbilical que ha quedado adherido al abdomen del bebé, y que llamamos ombligo, se mantiene cerrado con una pinza de plástico desde que la matrona se lo cortó nada más nacer. En unos días se caerá por sí mismo, pero el médico lo examinará cuidadosamente para tener la seguridad de que no exista ningún problema o infección que pueda afectar al niño.

COMPROBACIÓN DE LAS EXTREMIDADES

Juntando las piernas del bebé, el médico verificará que tienen la misma longitud, que los pies están bien alineados y no presentan señales de pie zambo. También revisará el estado de la clavícula. En ocasiones, al pasar por el canal del parto algunos bebés se la fracturan. En este caso el tratamiento consiste en evitar el estiramiento del brazo correspondiente, ni siquiera será necesario inmovilizarlo y se recuperará en poco tiempo.

El médico comprobará si la cadera está dislocada abriendo sus piernas desde las rodillas. Normalmente, este problema se soluciona con un doble pañal.

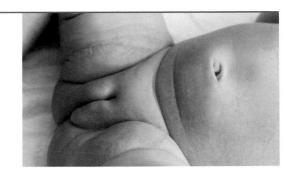

COMPROBACIÓN DE LAS CADERAS

Siguiendo la prueba de Ortolani, el médico mantendrá al bebé sujeto por los pies, doblará sus rodillas y colocará sus muslos sobre el abdomen. En esta postura, separará las rodillas del pequeño y podrá verificar una posible dislocación de la cadera y, ante alguna duda, procederá a asegurarse con una ecografía. Esta dislocación es más frecuente en las niñas y el tratamiento inmediato consiste en poner al bebé un doble pañal durante algún tiempo, para mantener los muslos separados.

COMPARACIÓN DEL PALADAR Y LOS OJOS

El pediatra hará un cuidadoso examen de los ojos del bebé, comprobando que las pupilas se contraen con la luz. También verificará si el paladar no presenta alguna grieta.

COMPROBACIÓN DE LA COLUMNA VERTEBRAL Y EL ANO

El neonatólogo colocará al bebé boca abajo a lo largo de su antebrazo. En esta posición podrá examinar perfectamente las vértebras, asegurarse de que todas están en su lugar y que el ano está abierto.

Esta primera revisión médica es una estupenda ocasión para que vosotros, los padres, podáis consultar al médico todo lo que queráis saber sobre la salud de vuestro hijo, pero las cosas no siempre suceden de una forma ideal. El médico puede tener en ese momento un exceso de trabajo y no podrá dedicaros todo el tiempo que queráis. También puede ocurrir que el bebé no deje de llorar durante el reconocimiento, os pongáis nerviosos y no se os ocurra hacer la pregunta crucial en el momento exacto. Esto no debe preocuparos, aún quedan unos días de estancia en el hospital y siempre encontraréis a algún profesional que, en su visita diaria para observar cómo va respondiendo el organismo de la mamá después del parto, para hacer la cura del ombligo del recién nacido o para cualquier revisión, os aclarará cuantas dudas podáis tener.

blanco y negro que los coloreados. Unas semanas después su interés visual se centra en las caras más que en cualquier otra cosa. A los dos meses de edad, el bebé debe seguir con la vista todo aquello que se mueva lentamente.

LOS SENTIDOS DEL RECIÉN NACIDO

LA VISTA

Los bebés pueden ver desde el momento en que abren los ojos por primera vez aunque son muy cortos de vista. Fijan su foco visual apenas a 20-30 cm de distancia, exactamente la que precisan para poder distinguir, por ejemplo, la cara de su madre cuando les sostiene en brazos para alimentarlos. A una distancia mayor sólo distinguen la luz y el movimiento. A los pocos días del nacimiento, los recién nacidos se fijan más en los objetos con dibujos, aunque les llaman más la atención los dibujos en

EL OÍDO

Desde su nacimiento los bebés tienen un sentido del oído muy desarrollado. Ya en los primeros minutos de vida pueden localizar el lugar de donde proviene un foco de sonido, y parecen responder a ruidos que tengan una duración mínima de diez segundos. Frecuentemente los recién nacidos dejan de mamar para prestar atención a algo que oyen y manifiestan su predilección por las voces agudas y los sonidos rítmicos, como los del corazón.

EL TACTO

Se puede advertir que desde el primer momento de vida los bebés responden al sentido del tacto, incluso con mayor capacidad que muchos adultos. Para ellos es casi un idioma, pues más que cualquier otro, es este sentido el que permite que se relacionen con sus padres primero y con el entorno después.

Gracias al sentido del tacto, los recién nacidos perciben muy pronto los cambios de temperatura, el contacto con sus ropas y con las manos de sus padres. Demuestran placer cuando se les abraza suave y firmemente. Por esa razón, tomarles en brazos o cambiarles de pañal les tranquiliza.

Hasta los dos meses, el bebé no será capaz de seguir el movimiento de un objeto y no distinguirá sus colores hasta los cuatro meses.

Está demostrado que el estrecho contacto físico entre la madre y el hijo, durante la primera semana de vida, es muy importante para la sensación de bienestar del niño. Abrazar, besar o acariciar al bebé, es esencial para la relación entre los padres y el recién nacido. Las manifestaciones físicas de cariño son, tanto para la madre como para el padre, la mejor manera de iniciar con su hijo una relación que durará toda la vida.

EL GUSTO Y EL OLFATO

Se puede decir que entre estos dos sentidos el bebé no demuestra una marcada distinción. Sabemos muy poco sobre lo que él puede oler y sobre lo que le puede gustar más o menos en ese primer periodo de su vida. Sí está comprobado que identifica el olor de la madre cuando ésta le toma en sus brazos para darle de ma-

mar; así como el sabor de la leche materna al que empieza a acostumbrarse. Pero ambas sensaciones se deben al estímulo causado por su apetito, aunque hay momentos en los que parece demostrar su preferencia por el agua más o menos azucarada y reaccionar ante un mal olor. Más adelante, y a medida que se vayan incluyendo nuevos sabores en su dieta, demostrará claramente su inclinación por uno u otro sabor, al mismo tiempo que su olfato se hará más selectivo.

Después de mueve meses de gestación y con el nuevo período de lactancia, los recién nacidos distinguen el olor y la voz de su madre. Es importante que los papás tengan al bebé en brazos para que se vaya acostumbrando a su olor y a su tono de voz.

Fontanela

Fontanelas

Las fontanelas son espacios membranosos en el cráneo de un recién nacido antes de la osificación completa de la cabeza.

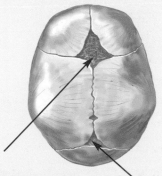

**Fontanela anterior
o bregmática**

**Fontanela posterior
o lamboidea**

CARACTERÍSTICAS DEL RECIÉN NACIDO

CABEZA

A causa de las presiones que sufre al pasar por el canal del parto, la cabeza de un recién nacido puede presentar alguna pequeña deformación pasajera. Puede ser apepinada, torcida, abombada o con protuberancias asimétricas. También da la impresión de ser mucho mayor en relación al cuerpo (en realidad es cerca de un cuarto del tamaño total del bebé). Las fontanelas son claramente visibles.

**Fontanela lateral o
esfenoidal**

PIEL

La piel del neonato es arrugada y floja. Después del parto está cubierta con una sustancia blanca y de aspecto mantecoso llamada *vernix caseosa,* que sirvió de ayuda a los movimientos del bebé en su trayectoria por el canal del parto. A veces puede nacer con vello sobre los omoplatos y la espalda, acompañando la línea de la columna vertebral; este vello, lla-

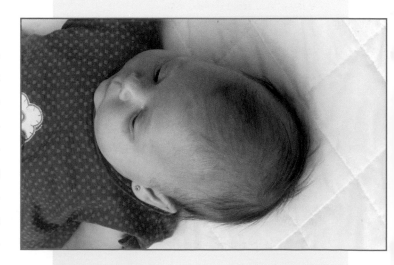

El iris del ojo de un recién nacido varía de los azules y verdosos, a los grises y marrones. No se definirán hasta unos meses después. Tampoco llorará lágrimas hasta pasado un mes.

mado lanugo, desaparece a las pocas semanas del nacimiento.

Durante los primeros días, el color suele fluctuar de un azul morado a un rosado rojizo. Debido a que la circulación aún no está estabilizada, la sangre puede acumularse en la mitad inferior del cuerpo del bebé. Si ha permanecido quieto durante algún tiempo se mostrará una mitad rojizo y otra mitad pálido. En ocasiones, la circulación sanguínea no llega bien a las extremidades de manera que, cuando está dormido, puede tener las manitas y los pies azulados y fríos. El color y la temperatura se normaliza en el momento que se le levanta o se le da la vuelta.

Ojos

A causa de las presiones ocasionadas por el parto, los ojos de los bebés pueden estar enrojecidos e hinchados. Durante los primeros meses el color no está definido, los niños de piel clara suelen tener un tono gris azulado, y castaño en los de piel más oscura. El color definitivo no se aprecia hasta pasados los cuatro meses. Es muy común la presencia de estrabismo en los pri-

meros días de vida pudiendo prolongarse durante seis meses. Esta característica se corrige sola pero, en el caso de que no ocurra así y el estrabismo permanezca, se deberá consultar al pediatra, ya que el tratamiento precoz facilita la corrección.

Durante el parto los ojos del neonato pueden tener contacto con la sangre de la madre y el resultado de ese contacto es una leve infección muy común (conjuntivitis) cuyos síntomas aparecen como una secreción amarillenta o una costra en los párpados y pestañas. No es nada grave, pero debe ser vigilado por el médico que recomendará la forma correcta de tratarla.

Aunque las lágrimas estén presentes desde el nacimiento, por regla general los bebés no las derraman cuando lloran a causa de que los conductos lacrimales todavía no se han abierto del todo y no permiten que las lágrimas se deslicen normalmente.

Orejas

Las orejas de los bebés, como las de los adultos, también producen cera. Es la manera con que la naturaleza protege el oído. Como todos los orificios del cuerpo, las orejas se limpian por sí solas, así que no es recomendable introducir nada en ellas, basta con limpiarlas por fuera. Otra particularidad de las orejas de un recién nacido es que siempre parece que están muy despegadas de la cabeza. En la mayoría de los casos es una pura impresión óptica. Al ser normalmente pelón, las orejas sobresalen de su cabecita. Cuando vaya creciendo y le salga pelo, esa impresión desaparecerá.

Cuerpo

El cuerpo del recién nacido se curva hacia dentro, su abdomen es grande y sus caderas son estrechas.

En el lugar donde ha sido cortado el cordón umbilical, hay un muñón de, aproximadamente, 1 cm de espesor que se secará y caerá en una o dos semanas después del nacimiento. Si se observa algún enrojecimiento o supuración, se debe comunicar al pediatra. Así mismo la aparición de alguna pequeña hinchazón que aumenta cuando el bebé llora, debe ponerse en conocimiento del médico pues puede tratarse de una hernia umbilical.

Pechos y genitales

Es perfectamente normal que los pechos y los genitales de los recién nacidos de ambos sexos estén hinchados durante los primeros días de vida, incluso parecen más grandes de lo que sería normal y por lo tanto es producto de la sobrecarga hormonal heredada de su madre. Todo volverá a la normalidad en pocas semanas.

Terminaremos este capítulo insistiendo en la conveniencia de informarse exhaustivamente sobre todo lo referente al recién nacido, antes de salir del centro sanitario y quedarse más o menos a solas con el bebé. Médicos y matronas constituyen una valiosísima fuente de información que no se puede desperdiciar.

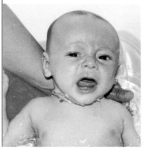

Y por fin en casa

ALGUNAS MADRES, SOBRE TODO LAS PRIMERIZAS, CUANDO LLEGAN A CASA CON SU BEBÉ ENTRE LOS BRAZOS, ENTRAN EN UNA SITUACIÓN QUE ES CASI DE PÁNICO, AL SENTIRSE «SOLAS Y DESAMPARADAS» ANTE LA TREMENDA RESPONSABILIDAD DE CUIDARLE Y ATENDERLE EN TODAS SUS NECESIDADES. EN EL HOSPITAL HAN SIDO MÉDICOS Y ENFERMERAS LOS QUE HAN ASUMIDO ESA MISIÓN Y ELLAS TAN SOLO HAN TENIDO QUE OCUPARSE DE DISFRUTAR DE SUS NUEVAS E INTENSAS EMOCIONES, INMERSAS EN LOS CUIDADOS, EN EL CARIÑO Y EN LA ATENCIÓN DE SUS PAREJAS, DE SUS FAMILIAS Y DE SUS AMIGOS. PERO AHORA, AQUÍ EN CASA, PARECE QUE EL MUNDO SE LES VIENE ENCIMA. ESTA ES UNA SENSACIÓN BASTANTE NORMAL SUFRIDA POR, AL MENOS, EL 80% DE LAS MUJERES.

Las causas de este, llamémosle desarreglo, se encuentran tanto en un origen físico como en el emocional y son muy fáciles de explicar desde el punto de vista médico y psicológico.

Tras nueve meses de embarazo el cuerpo de la mujer ha experimentado todo tipo de cambios. Muchos de su órganos internos han tenido que recolocarse para ir dejando sitio al feto que día a día iba adquiriendo mayor tamaño. Las hormonas, que hasta ahora han tenido un funcionamiento normalizado, con el embarazo pierden su equilibrio, preparando el cuerpo para tan importante acontecimiento. Estos cambios se producen poco a poco a lo largo de los nueve meses de embarazo y es por eso, quizás, que las molestias producidas durante el proce-

buena historia con final feliz a la que todo el mundo ama y protege. Además, durante esos nueve meses, ha vivido con el maravilloso convencimiento de que muy pronto va a poder sostener a su hijo entre sus brazos. El parto, con todo su acelerado protocolo hospitalario y social, viene a poner fin a ese estado de ánimo tan exaltado y especial, que sólo es alcanzable por una mujer embarazada.

Los cambios físicos y químicos del cuerpo y las mudanzas emocionales del espíritu, son las causas de ese desarreglo posparto padecido por la mayoría de las mujeres y que dependiendo del grado de intensidad requerirá uno u otro tipo de atención.

MELANCOLÍA DEL PARTO

Aunque el embarazo haya transcurrido placenteramente, el parto lo haya hecho sin grandes dificultades y el bebé haya llegado sano y her-

so (náuseas, caprichos, etc.) sean de carácter débil y casi, casi anecdóticas. En cambio, el parto es un acto que se produce en muy poco tiempo, casi de repente y tras él, los órganos se empeñan en volver a su normalidad y las hormonas se reformulan para provocar que el cuerpo de la madre produzca la leche con la que ha de alimentar a su bebé.

Por otro lado las sensaciones y las emociones experimentadas durante el embarazo han sido muy fuertes y generalmente muy gratificantes. Marido, familia y amigos se han esforzado en cuidar y en llenar de cariño a la futura madre. Eso la hace sentirse protagonista de una

Algunas mujeres pueden sentirse «olvidadas» o «desplazadas» ante la llegada del bebé. Este sentimiento desaparece rápidamente dejando paso al protagonismo del pequeño en su vida.

moso, muchas mujeres durante los primeros días del posparto, sienten unas irreprimibles ganas de llorar. El tiempo que ha pasado en el hospital fuera de su casa y separada de su pareja, las dudas que se le presentan sobre la capacidad que tiene para cuidar a su hijo, el hecho mismo de no estar ya embarazada, pueden ser motivo de este tipo de sentimiento que, por lo general, no ofrece mayor motivo de preocupación. Hay que dejar que las lágrimas fluyan, incluso hasta llorar intensamente, a ser posible al lado de su pareja que consciente de la levedad del problema la consolará y la hará sentirse segura. En muy pocos días la necesidad de llorar desaparecerá de la misma manera que apareció.

RECUPERACIÓN TRAS EL PARTO

Es totalmente normal que tras un parto y ya fuera de los cuidados hospitalarios, la mujer se sienta molesta y cansada. Su cuerpo ha experimentado grandes cambios y es necesario controlarlos para volver a adquirir la óptima forma física que en estos momentos es más que necesaria. Existen una serie de normas que ayudarán a la nueva mamá a recuperar su mejor condición física y hasta anímica.

Depresión

La depresión posparto es una verdadera enfermedad y, por lo tanto, un asunto grave que llega a durar varios meses y que puede presentarse aun cuando el embarazo y el parto hayan transcurrido con absoluta normalidad. Los síntomas suelen ser percibidos por los demás, ya que quien la padece no es capaz ni tan siquiera de autoanalizarse. Una mujer que sufre de depresión posparto no se cree merecedora de haber dado a luz a su bebé, por lo que no se siente capaz de cuidar de él y ni tan siquiera de sí misma. Entra en una dinámica de dejadez que la lleva a la inacción. Son las personas que le son más próximas las que tienen que detectar el problema y ponerle solución. Esta solución no es en ningún caso «regañar» a la enferma ni urgirla para que retome sus obligaciones y cumpla con sus responsabilidades. Lo que hay que hacer es animarla y orientarla en la aceptación de una ayuda que, con mucha frecuencia, es médica. Aceptada y administrada esa ayuda, lo normal es que la depresión posparto desaparezca sin dejar rastro.

Aparte de ese desarreglo, la llegada del bebé a casa va a constituir una fuente inagotable de alegría. Mucho trabajo nuevo, eso sí, y nuevas responsabilidades llenas de exigencia, pero todo ello profundamente gratificante.

Es importante que la nueva mamá encuentre unos minutos para cuidarse a sí misma, que pueda relajarse y sentirse tan atractiva como antes del parto y del embarazo.

El útero aún está delicado y hay que dejarle recuperarse. No hay que realizar grandes esfuerzos físicos ni mantenerse demasiado tiempo de pie. Será muy bienvenida cualquier tipo de ayuda en las tareas domésticas.

Es el momento de aplicar los ejercicios pélvicos que se han aprendido durante el curso de preparación al parto. Hay que contraerlos y relajarlos en una rápida sucesión. Con estos ejercicios se evitan problemas posteriores tales como la incontinencia.

Ya durante el embarazo es habitual que se presente el estreñimiento y eso no mejora tras el parto. Tampoco son infrecuentes las hemorroides. Una dieta equilibrada con muchas ensaladas, verduras y fruta fresca, es rica en fibra, por lo que se facilita el tránsito intestinal.

Recuperar la figura que se tenía antes del embarazo supone el desprenderse de tres o cuatro kilos que son los que habitualmente se quedan a «vivir» con una mujer que acaba de dar a luz. Hay una dieta muy fácil de controlar que permite perder con relativa rapidez esos kilos. Se trata de la conoci-

Dieta posparto

En cuanto comience la lactancia, es crucial mantener unos hábitos alimenticios sanos. Es mejor evitar los alimentos que provocan el estreñimiento, así como las salsas y los dulces, que engordan mucho y alimentan poco.

Hay que beber mucha agua, olvidarse por completo del alcohol y el tabaco y tomar más lácteos. Intenta además evitar la ingesta de alimentos que puedan dar mal sabor a la leche, como los espárragos.

da dieta mediterránea abundante en fruta, verdura, carnes y pescados (preferiblemente estos alimentos deben ser cocinados a la plancha o al vapor).

Hay que mantenerse guapa. La ducha diaria (no el baño de inmersión hasta 30 días después del parto) y un esmerado acicalamiento, ayudan muchísimo a encontrarse bien.

Hay que esperar por lo menos cuatro semanas para volver a tener relaciones sexuales.

EL DÍA A DÍA CON EL BEBÉ

Es probable que muchas madres, sobre todo primerizas, al encontrarse a solas con su bebé en casa, se sientan tan desamparadas como el propio bebé.

Este capítulo está especialmente dedicado a ellas y esperamos que con su consulta podamos contribuir a disipar muchas de las dudas

No desaproveches los primeros días del bebé en casa por miedo a hacerle daño: cógele en brazos todo lo que puedas para fortalecer vuestro vínculo afectivo.

que la puedan sobresaltar, además de proporcionarle una serie de métodos y maneras de cómo «manejar» la nueva situación y a su verdadero protagonista, el bebé. Pero no es sólo a las madres a quienes se dedica este capítulo. También está dirigido a los padres, ya que las actividades y operaciones que en él se van a desarrollar, todas menos una, pueden y deben ser realizadas por ellos.

CÓMO LEVANTAR Y SOSTENER AL BEBÉ

Abrazar a un bebé es casi tan importante como alimentarle. Entre unos brazos protectores el bebé se siente seguro y confortable, por lo que

Levantar al bebé

hay que hacerlo tantas veces como se quiera y se pueda. No es cierto que un bebé se «malacostumbre» si se le tiene mucho tiempo en brazos.

Levantar a un bebé recién nacido, sostenerle en brazos y moverle suele constituir todo un reto para sus padres. El terror a no hacerlo adecuadamente y causarle algún daño es algo complicado de superar.

Lo primero que hay que saber a este respecto es que un bebé es mucho menos frágil de lo que aparenta, aunque sí que es necesario seguir unas orientaciones muy sencillas.

Si el bebé está acostado de espaldas

- Introducir una mano, con los dedos abiertos, por debajo de su espaldita hasta que la cabeza repose sobre la palma.
- Deslizar con suavidad la otra mano por debajo del cuerpo sujetando con los dedos abiertos su espalda, su culito y sus muslos.
- Levantarle con lentitud dándole siempre la cara, sonriéndole y hablándole.

Si el bebé está acostado boca abajo

- Deslizar un brazo por debajo del hombro y el cuello del bebé y abrir la mano hasta que con los dedos podamos sujetar su barbillita.
- Colocar el otro brazo, por debajo de su cintura y con la mano abierta sostener su torso y sus muslos.
- Levantarle con lentitud.

La primera de ellas, de carácter general, es que no se debe levantar a un bebé por sorpresa, ni muchísimo menos cuando está durmiendo. Hay que acercarse a él, sonreírle e incluso dirigirle alguna palabra cariñosa, para que se dé cuenta de que algo va a ocurrir. Cuando se haya captado su atención ha llegado el momento de proceder a levantarle.

Por instinto, un recién nacido siente temor a caerse. Sus músculos no tienen aún la suficiente fuerza para sujetar su cabeza y controlar sus extremidades, así que sólo perderá

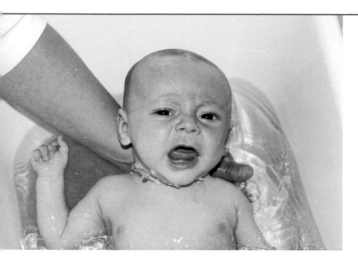

Para sostener al bebé en cualquier situación, siempre hay que darle seguridad evitando que tenga sensación de vacío o de caída. Para ello, hay que sostenerle la cabeza con la mano o con el brazo.

ese miedo instintivo a caerse si se siente bien sujeto.

Cuando el bebé está acostado se cree seguro por su propio peso sobre el colchón, así que para levantarle hay que sustituir esa sujeción por la que le proporcionarán los brazos de la persona que le vaya a levantar.

Para volver a acostar al bebé se hacen los mismos movimientos en orden inverso, teniendo especial cuidado en no retirar los brazos hasta que él esté firmemente asentado sobre su colchón y reconozca su seguridad.

CÓMO MANTENERLE LIMPIO

Los bebés recién nacidos no necesitan toda esa cantidad de jabones especiales y colonias con los que en la actualidad se les trata de mantener limpios y perfumados. En esas primeras semanas ni siquiera es necesario, aunque les relajará mucho, sumergirles en el agua para darles un baño total.

Por supuesto es necesario limpiarles y cambiarles detrás de cada deposición, pero esto puede hacerse simplemente con agua tibia y una esponjita suave o con toallitas húmedas. De esta sencilla manera se puede mantener limpio a un recién nacido lavándole las partes de su cuerpecito que realmente lo necesitan: ojos, orejas, nariz, cordón umbilical, manos, culito, zona genital... pero eso puede hacerse sin tan siquiera levantar al bebé del lugar en el que esté acostado, aunque un baño templado y corto antes de acostarle por la noche le irá fijando una rutina y le ayudará a relajarse para adquirir el hábito de dormir toda la noche.

Los orificios del cuerpo de un recién nacido están protegidos por mucosas destinadas a rechazar la suciedad, por lo que el método de lavarle por partes no contempla el tratar de limpiar zonas que no se ven. No hay que introducir bastoncillos de algodón, ni ningún otro instrumento, en sus oídos o en sus narices. Con ello tan solo se logrará empujar hacia dentro la suciedad que se trata de eliminar. Durante el proceso de limpieza del recién nacido hay que prestarle una especialísima atención a dos zonas sumamente delicadas: el ombligo y las uñas.

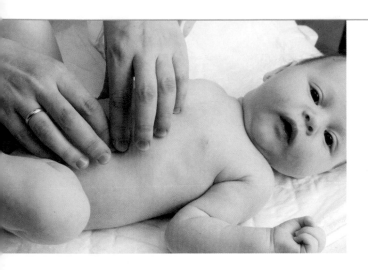

El cordón umbilical une al bebé a la placenta de la madre. Durante el desarrollo del feto en la matriz, el cordón umbilical es la vía de sustento del bebé, Después del nacimiento, el cordón umbilical se empalma y se corta. Entre la primera y la tercera semana, el cordón se seca y se desprende de forma natural. Es recomendable mantenerlo lo más limpio y seco posible. Se puede aplicar alcohol de 70° al cordón umbilical del bebé cada vez que se le cambie el pañal.

EL OMBLIGO

Con respecto al ombligo, lo primero que hay que hacer es perderle ese respeto que se le tiene. Es cierto que se trata de una herida aún sin cicatrizar y que tiene todo el aspecto de causar dolor al bebé cuando se manipula para limpiarlo. El trocito del cordón umbilical que le han dejado al recién nacido en el hospital no tiene terminaciones nerviosas y es muy difícil que se inflame, se infecte o sangre y, por supuesto, no duele. Algunos médicos recomiendan la limpieza del trocito de cordón que aún permanece en el ombligo del bebé con un algodoncito y unas gotas de alcohol de 70°, pero otros recomiendan dejar las cosas como están. En cualquier caso, el médico o la comadrona recomendarán cómo hay que actuar antes de que madre e hijo regresen a casa.

Solamente si el trocito de cordón exudara unas gotas de líquido amarillento, o la zona en la que está unido al ombligo apareciera caliente y enrojecida, habría que recurrir al médico para evitar una posible infección.

Transcurridas un par de semanas, quizás menos, ese trocito de cordón umbilical se caerá y dejará al descubierto un ombligo de lo más normal. Si no es así, el mismo pediatra se lo quitará durante la primera visita de control. No hay que preocuparse si en ese momento se produce una mínima hemorragia de dos o tres gotas.

Cuando se haya desprendido el trocito de cordón umbilical, para limpiar el ombligo basta un algodoncito o un hisopo humedecido con alcohol de 70° o simplemente con agua tibia, para limpiar con delicadeza la zona.

LAS UÑAS

Los recién nacidos suelen presentar unas uñas largas, pero muy blanditas. Además les crecen con rapidez. A pesar de lo blanditas que son,

con ellas el bebé puede producirse arañazos en la cara. Hay que cortar esa parte de la uña de aspecto blanquecino que sobresale, y eso no es una tarea fácil. Son tan pequeños los deditos y se mueven tanto que, además de cuidado, hay que tener mucha paciencia. Quizás el mejor momento para realizar esta comprometida operación sea inmediatamente después de una toma de pecho o de biberón, que es cuando el bebé está más tranquilo y tiende a moverse menos o también puede hacerse mientras duerme. Aun así hay que actuar con delicada firmeza envolviendo con una mano la manita del bebé para mantenerla lo más quieta posible. Después hay que coger el dedito al que se vaya a cortar la uña, entre el índice y el pulgar de esa misma mano. Con la otra mano se accionarán las tijeras, que deben tener la punta redondeada.

Hasta que las uñas del bebé no se endurezcan puede resultar más fácil cortárselas con nuestras propias uñas o incluso con los dientes. Pero al cabo de pocas semanas, las uñas se habrán endurecido y este sistema tan personal no podrá utilizarse, por lo que puede resultar útil disponer de una lima para uñas ultrafina.

EL BAÑO

Como ha quedado descrito anteriormente, durante las dos o tres primeras semanas, no es necesario bañar por entero al bebé e incluso hay quien recomienda no hacerlo hasta que se haya desprendido el trocito de cordón umbilical.

Sin embargo, los pediatras actuales recomiendan el baño diario de los niños recién nacidos, ya que les proporciona tranquilidad regresar al medio acuático del que surgieron. Lo cierto es que más temprano que tarde, habrá que empezar a bañar al bebé.

Los primeros baños completos no le gustarán —al igual que cualquier novedad— y por ello llorará y agitará sus bracitos y piernecitas, así

que para evitarle el berrinche conviene realizar toda la operación en el menor tiempo posible. Se acostumbrará pronto.

Es imprescindible disponer de un sitio en el que se pueda controlar la temperatura ambiente. También hay que disponer de una mesa sobre la que colocar el recipiente que va a servir de bañera. La altura de la mesa tiene que permitir que la persona que esté bañando al bebé no tenga que inclinarse en exceso con la consiguiente incomodidad y falta de seguridad. El tablero de la mesa debe ser el suficiente para, además de la bañera, ofrecer el espacio necesario para colocar al bebé y todos aquellos productos necesarios para el baño. Existen en el mercado bañeras-cambiadores para bebés que ofrecen todas esas características.

Se llena la bañera con unos 5 cm de agua que nunca debería sobrepasar los 34 °C de temperatura.

Sobre una toalla grande extendida al lado de la bañera, se coloca al bebé y se le desviste.

Hay que introducir la mano izquierda por debajo de la espalda y la cabeza del bebé y la

mano derecha por debajo de las nalgas. Levántelo y con suavidad llévelo hasta la bañera.

Introduzca en el agua todo el cuerpecito del bebé, acostado, dejando que su culito se apoye en el fondo. Sólo entonces se libera la mano derecha, manteniendo la izquierda en su lugar para sujetar hombros y cabeza.

Se comienza lavando la carita, las orejas y el cuello del bebé utilizando una esponja blanda y, opcionalmente al principio, un poco de jabón suave. Hay que poner especial cuidado en la parte delantera del cuello, en cuyos pliegues pueden haberse ocultado restos de leche.

A continuación se lava la cabecita haciéndolo siempre de delante hacia atrás para evitar que el champú suave que se utiliza para este fin le entre en los ojos.

Luego se enjabona la parte delantera del cuerpecito, teniendo buen cuidado de eliminar las pelusillas que suelen alojarse entre los dedos de manos y pies.

Dejando que la cabecita repose sobre el fondo de la bañera, se le levantan las piernas

¿Qué se necesita?

¿Qué se necesita para la higiene de un bebé?

Son muchos los productos que suelen llenar las estanterías del cuarto de baño de una casa a la que acaba de llegar un bebé. Y la verdad es casi ninguno de ellos es necesario. Bastaría con un jabón de Ph neutro especial para bebés y una crema hidrante suave, para cubrir todas sus necesidades de higiene. En cualquier caso, todos esos productos que se utilizan sobre todo para que el bebé huela bien, si se aplican moderadamente y las colonias se echan sobre la ropa y no sobre la piel, no van a causar ningún problema.

LOS PAÑALES

Allí donde haya un bebé habrá una cantidad imponente de pañales. Se convierten, de pronto, en elementos imprescindibles en el equipaje familiar, sea para largos viajes o para ir de visita un par de horas a casa de los abuelos. Forman parte ineludible de la lista de la compra semanal y se adjudican una porción nada despreciable del presupuesto. Cambiárselos al bebé es una actividad que se repite, al principio, no menos de diez veces por día, pero que poco a poco va reduciendo su frecuencia a... cinco veces por día. Claro está que sólo dura aproximadamente tres años... o así. Todos esos condicionantes hacen que los pañales, su manutención y utilización no sea precisamente la tarea más agradable que tienen ante sí unos padres recién estrenados. Pero es absolutamente ineludible, así que hay que procurar hacerse con ella y llevarla de la mejor manera posible.

Básicamente hay dos tipos de pañales.

Los tradicionales, de fina tela de algodón y de varios usos, que presentan el inconveniente de tener que lavarlos, esterilizarlos y secarlos y que, además, tienen que usarse por debajo de

y se le lavan y enjuagan las nalgas y la zona genital.

Puede sentar al bebé sosteniéndole por una de sus axilas y lavarle y enjuagarle la espalda.

Cuando se han eliminado todos los restos de jabón, se saca al bebé del agua y se le coloca sobre una toalla grande, suave y caliente. Se le envuelve bien en ella y se le seca sin restregar.

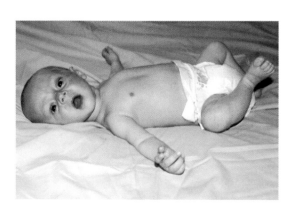

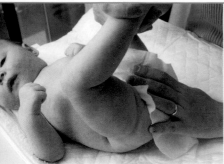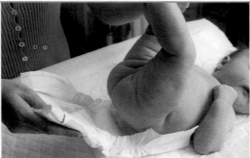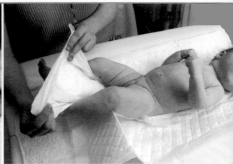

una braguita impermeable para evitar «accidentes» y fijarlos al culito con inquietantes imperdibles. Hoy han caído prácticamente en desuso.

El otro tipo de pañales son los desechables. Están fabricados con un material absorbente envuelto en una capa impermeabilizada. Son de facilísima colocación y se sujetan mediante tiras autoadhesivas. No requieren mantenimiento, ya que son de un solo uso y su único inconveniente está en su precio, que no es exactamente económico. Otra desventaja adicional es el tamaño de los paquetes en los que vienen envueltos que dificulta su necesario almacenamiento en el hogar.

Estos pañales se presentan en diferentes tamaños (diferenciados por kilos) para poder satisfacer las necesidades de los bebés de todas las edades y tallas.

CAMBIAR EL PAÑAL

Esta es una operación que se repetirá una y otra vez a lo largo del día. Lo perfecto sería hacerlo tantas veces como el bebé haya mojado o manchado el pañal que lleva puesto... aunque algo menos perfecto, pero bastante más práctico, es el de cambiarle solamente cada vez que

ensucie el pañal y no cada vez que lo moje. Los bebés hacen pis muchas veces, pero no demasiada cantidad cada vez. Sólo si presenta un sarpullido en su culito hay que seguir la regla a la perfección y cambiarle el pañal cada vez que sea necesario.

Hay que tener siempre suficientes reservas de pañales en casa y no olvidar nunca llevarlos en la bolsa del cochecito de paseo.

Para hacer un cambio de pañales correcto, primero hay que acostar al bebé de espaldas sobre una superficie mullida y a una altura en la que poder cambiarle sin tener que inclinarse. Desabrocharle el pañal y con una de las manos levantarle los pies. Retirar el pañal usado y hacer un paquete cerrándolo con las cintas autoadhesivas.

Con una toallita o una esponja humedecida limpiar bien el culito y los genitales del bebé teniendo cuidado de hacerlo siempre de delante a atrás para evitar infecciones genitales. Si hay algún sarpullido o escocedura es el momento de aplicar la pomada que haya recomendado el médico.

Siempre con sus pies levantados, colocar el pañal limpio por debajo de él, dejando que la parte posterior le llegue hasta la cintura. Las cin-

El cambio de pañal debe ser lo más rápido y eficaz posible, ya que será una operación rutinaria que se repetirá cinco veces al día durante al menos dos años.

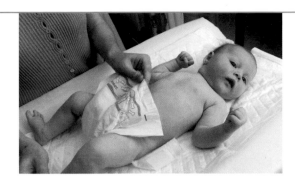

tas adhesivas que tienen los pañales desechables deben quedar en la parte posterior. La parte anterior del pañal se coloca entre las piernas del bebé, se sujeta bien y se abrocha con las cintas adhesivas de la parte posterior. El trozo de pañal que sobra por delante se dobla los primeros días para evitar que roce con el ombliguito.

Si se usaran pañales de tela de corte triangular, hay que colocar al bebé sobre el pañal extendido con el vértice en la parte inferior. Este vértice se pasa por entre las piernas del bebé y se sujeta con una mano mientas se pasa una de las puntas por encima del vértice, luego se pasa la otra y se cierra con un imperdible.

EL VESTUARIO DEL BEBÉ

Casi todo recién nacido, al llegar a este mundo, ya cuenta con un amplísimo guardarropa en cuya adquisición ha intervenido más de una persona. Los papás, sobre todo la mamá, muchos meses antes del alumbramiento, han ido reuniendo un sinfín de prendas pequeñitas, como de muñeco, y rara es la salida a comprar cualquier tipo de cosa, sin que los escaparates de las tiendas especializadas en ropa de bebé

no llamen su atención y la provoquen con sus minúsculos diseños. Los abuelos, los tíos y los amigos también contribuyen a la creación de un potente fondo de armario que el bebé, en su rápido crecimiento, difícilmente va a poder aprovechar al completo. Este comportamiento, lógico y normal, tiene su fundamento en lo emocional y seguramente deja de lado la racionalidad con la que se afrontan otro tipo de compras. Sin la intención de reprochar nada a la ilusión de los padres y familiares, vamos a tratar de ser lo más prácticos posible.

Lo primero que hay que tener en cuenta es la rapidez con la que crece un recién nacido y lo rápidamente que va ganando peso, que llega a duplicarse en cinco o seis meses. La ropita específica para recién nacido, que resulta sorprendentemente cara para su tamaño, tendrá una vida útil muy corta y quedará completamente nueva. No es infrecuente que entre personas muy allegadas, familiares y amigos íntimos, se vayan pasando la ropa de los recién nacidos de unos a otros persiguiendo precisamente el poder utilizarla a pleno rendimiento. Es preferible que al comprar la ropa para un recién nacido se elija una talla algo superior a la específica

para ellos, aunque durante las primeras semanas le quede algo grande. Lo ideal sería comprar poca ropa para un bebé de un mes y bastante para la talla de tres meses y sorprenderse de lo rápido que el bebé termina por «rellenar» su vestuario.

Las diferentes piezas que componen el vestuario de los bebés suelen estar etiquetadas haciendo referencia, bien al peso, a la altura, o bien a la edad y, más o menos, se corresponde con la tabla de abajo.

La ropa de un bebé suele necesitar frecuentes lavados, por lo que hay que elegir muy bien el tipo de tela con el que está confeccionada.

A los bebés les resulta muy molesto el que se les vista «por la cabeza». Es preferible elegir prendas abiertas al frente o por los lados y, sobre todo, que permitan hacer el cambio de pañales con facilidad sin tener que desnudar completamente al bebé cada vez que sea necesario hacerlo.

Existe la tendencia de abrigar excesivamente a los bebés, sobre todo a los recién nacidos, lo que no es saludable. Les hace sudar y hasta puede que su piel adquiera un sarpullido. Si el bebé se siente incómodo porque tiene frío, él mismo lo hará saber protestando con su llanto. Ocurre que es mucho más frecuente lo contrario: que esté incómodo porque tiene calor. Cuando hace calor por ser verano o porque el ambiente está muy caldeado, los bebés deben llevar la menor cantidad de ropa posible.

Cuando hace frío, en invierno o en ambientes con poca calefacción, es aconsejable que las distintas prendas con las que se abrigue al bebé puedan ser sobrepuestas unas sobre otras. El mejor truco para saber si tiene calor o frío es pensar si lo tenemos nosotros mismos.

EL FONDO DE ARMARIO

Vamos a proponer una lista orientativa de las prendas de vestir más habituales para un bebé recién nacido, así como las cantidades idóneas:

Edad	Peso	Altura
Recién nacido	de 3 a 4 kg	50 cm
1 mes	de 4 a 5 kg	53-56 cm
De 3 a 6 meses	de 5,5 a 8 kg	57-67 cm
De 6 a 9 meses	de 7 a 10 kg	65-72 cm
De 9 a 12 meses	de 9 a 11 kg	70-77 cm
De 12 a 18 meses	de 9,5 a 13 kg	73-83 cm
De 18 a 24 meses	de 11 a 14 kg	89-90 cm
De 24 a 36 meses	de 12 a 17 kg	84-97 cm

Hay que tener en cuenta que las tallas tienen un margen y una horma. Lo mejor es probarle la ropa al bebé.

Guardarropa básico

- Ocho camisetas o *bodys*.
- Un saco de mangas largas.
- Seis pijamas.
- Dos mantas o arrullos.
- Seis jerséis y seis pares de patucos.

Ocho camisetas que le proporcionarán calor, si hace frío, puesta por debajo de otras prendas. Cuando hace calor, y junto con su pañal, puede ser la única prenda que abrigue al bebé. Del mismo modo, son muy útiles los *bodys* de manga larga o corta haciendo la misma función.

Un saco de mangas largas que se pueda abrir por debajo. Es muy conveniente para sacar al bebé de paseo cuando hace frío. Se pone por encima de todas las demás prendas.

Seis pijamas de cuerpo entero, mangas largas y perneras calzadas. Se pueden usar en cualquier ocasión, no sólo para dormir. Suelen tener botones de arriba abajo por delante, lo que facilita el «quita y pon» de la prenda.

Dos mantitas o arrullos que sirven tanto para tapar al bebé en su cunita como para envolverle.

Seis jerséis cerrados.

Seis pares de patucos o de calcetines.

Además, hay que tener varios gorros y al menos ocho baberos. A todos los padres les gustará tener un par de conjuntos o vestidos más bonitos para días especiales.

Para poner prendas difíciles, como una camiseta, primero hay que ensanchar con las manos el cuello de la misma, hasta permitir que entre la cabecita del bebé. Se comienza a poner por la parte posterior de la cabeza y luego, una vez encajada, se desliza delicadamente la parte delantera por la cara del niño. Para meterle los bracitos en las mangas, se recoge toda la manga con una mano y después, con la otra se introduce el bracito. Estos movimientos son, quizás, los que más aborrecen los bebés.

Para quitarle la camiseta se empieza por sacarle los bracitos de las mangas y luego se procede a quitarle toda la prenda por la cabeza. Tampoco esto parece divertirle mucho al bebé.

Lo mejor es elegir prendas que se abotonen por completo por delante o por detrás. En caso contrario, habrá que ponerle la prenda con mucho cuidado.

Lactancia

¿Pecho o biberón?

Las estadísticas revelan que cerca del 90% de las mujeres españolas deciden amamantar a sus hijos. El 10% restante opta por el biberón desde el principio, utilizando una leche de fórmula adaptada que está elaborada a partir de leche de vaca sometida a diversos y complejos tratamientos. Hacia el tercer mes de lactancia las dos fórmulas, pecho y biberón, igualan sus porcentajes. Tras el sexto mes, la mayoría de las mujeres eligen el biberón.

Existen diversos motivos para que esto suceda así. El más común es pensar que su leche se está agotando o que está perdiendo su calidad nutritiva. Aunque es cierto que puede presentarse una *hipogalactia* (ausencia de leche en el pecho de la madre), cosa que de suceder se presenta en los primeros días después del parto, la mayor parte de las veces ese temor no obedece a la realidad. La *hipogalactia* está provocada por un mal funcionamiento de la glándula mamaria o por una deficiencia en las hormonas responsables de la segregación de la leche y sólo afecta a un reducido grupo de mujeres. La causa de que algunas mujeres crean que su leche no es suficientemente buena para su bebé es que, con el transcurso de las semanas, notan que el pecho se modifica o pierde el volumen, pero eso no significa que la leche pierda cualidades nutritivas.

Ponerle un mono o un pijama para dormir es algo más fácil. Se abre toda la prenda y se coloca, extendida, encima de la cama o del cambiador. Se tiende al bebé encima del mono o del pijama y se introducen sus piernas en las perneras hasta que sus piececitos queden bien colocados en los patucos que estas prendas llevan incorporados. Se hace lo mismo con los bracitos y se abrocha.

LA ALIMENTACIÓN

En la naturaleza, la alimentación de los recién nacidos es el más básico de los instintos. Para el ser humano supone una de las más caudalosas fuentes de satisfacción y alegría, pero también de preocupación. Este tema, el de la alimentación de los bebés, ha ocupado y seguirá ocupando páginas y páginas de concienzudas investigaciones, y no es para menos. De una adecuada alimentación depende el perfecto desarrollo de esa preciosa vida que

La leche materna inmuniza al bebé contra alergias y enfermedades a la vez que lo alimenta y es el método más cómodo, más seguro y más económico.

está empezando. El cómo empezar a alimentar a un recién nacido, se convierte en una decisión fundamental que debe tomarse antes de que el bebé nazca. Las dos opciones que se presentan son las de la lactancia natural, con leche materna, y el biberón. Ambas ofrecen ventajas y debe ser opción de los padres, especialmente de la madre, elegir una u otra manera.

Está claro que la leche materna es difícilmente mejorable por una leche artificial y desde luego la textura y dureza de una botellita de plástico o cristal no tiene nada que ver con el calor y suavidad de un seno materno. Pero también es cierto que el biberón libera de muchas responsabilidades a la madre y que en la actualidad, las leches artificiales ofrecen todo el valor

Amamantar es también muy beneficioso para la madre: recupera antes su peso y su figura, pues produce una hormona que contrae el útero más deprisa. Además, reduce el riesgo de cáncer de mana y ovario y el de depresión posparto.

nutritivo que el bebé necesita. Son las circunstancias específicas presentes en la vida de cada pareja las que determinarán la elección.

La inimitable leche materna

Pensando en el bienestar de sus pequeños pacientes, los pediatras mantienen unanimidad a la hora de recomendar la leche materna como fuente alimenticia. La Organización Mundial de la Salud hace hincapié en la importancia que tiene para el bebé la leche materna como alimento completo y exclusivo que debe durar hasta por lo menos los seis meses de vida. A partir de entonces se deben ir incluyendo otros alimentos en la dieta, pero la OMS recomienda que no se abandone por completo la lactancia natural hasta por lo menos los dos años. Esta seria recomendación no es gratuita: está basada en am-

Para saber si un bebé está mamando lo suficiente hay que controlar su peso. También se puede observar si moja sus pañales cinco o seis veces al día y si hace entre dos y cinco deposiciones diarias.

plios estudios sobre los innegables beneficios que la leche materna aporta al desarrollo saludable de los bebés. La leche contiene todo lo que el niño necesita. Es alimento y medicina a la vez, sin olvidar el factor de íntimo acercamiento entre madre e hijo.

Durante los primeros días de su vida, el bebé se alimenta con el calostro, un líquido amarillento rico en proteínas y bajo en grasas, que contiene varios elementos fundamentales para la protección contra enfermedades gastrointestinales y de las vías respiratorias. El calostro tiene también un efecto suavemente laxante, lo que facilita la expulsión del meconio durante las primeras horas de vida.

La producción de leche materna comienza, aproximadamente, a las dos semanas del par-

to. En los primeros tiempos presenta un mayor contenido en grasas, pequeñas dosis de minerales perfectamente digeribles y enzimas que facilitan la asimilación de los diversos nutrientes. También contiene determinadas substancias que inmunizan al bebé durante toda la lactancia ayudando a prevenir enfermedades tales como el asma, las alergias y la obesidad futura.

Como se ve, son muy importantes los beneficios y ventajas de tipo físico que la alimentación natural con leche materna ofrecen al bebé, pero es que además es importantísimo el beneficioso efecto emocional que se produce en el acto de amamantar. El neonato conocerá casi de inmediato el olor de su madre, buscará con su boca y su nariz el pezón que es la fuente de su alimento. Tras varios intentos y con una pequeña ayuda, conseguirá encontrarlo y comenzará a succionar. Día a día la succión se hará más enérgica y prolongada y el pequeño dejará

El pecho

Durante los últimos meses del embarazo, la madre tendrá que ir preparando su cuerpo, especialmente sus senos, acondicionándolo para tan delicada misión.

Los pechos que pronto van a servir de fuente de alimentación a un recién nacido, deben lavarse sólo con agua. Los jabones pueden eliminar los aceites naturales con los que la piel se protege.

Después del baño o ducha, conviene friccionar los pezones con una toalla para que se endurezcan.

Hay que masajear frecuentemente con la palma de la mano y en movimiento circular desde la clavícula hasta la base del pecho. Al final del masaje se pellizca el pezón del que, a veces, brotan algunas gotas de líquido.

de ser un aprendiz para convertirse en todo un experto.

Para que el acto de amamantar sea cómodo e incluso placentero, son fundamentales las posturas de la madre y del hijo. Ella ha de sentarse en una silla con respaldo y colocar los pies sobre un banquillo para ayudar a la flexión de las rodillas. Sobre su regazo colocará un cojín en el que reposará los brazos con los que sostendrá al bebé en posición lateral con su carita enfrentada al pecho materno. De esa manera el pequeño se sentirá muy confortable en una cuna formada por los brazos de su madre y el cojín en el que se apoyan.

Como ha quedado dicho antes, la decisión de amamantar al bebé recién nacido, tiene que haber sido tomada con anterioridad al nacimiento, ya que conviene ir preparándose con antelación.

El tamaño del pecho no influye para nada en la posibilidad de amamantar. Es en su interior, y muy profundamente, dónde se «fabrica» la leche.

Son los chupetones, la succión del bebé, lo que provoca la subida de la leche. No siempre ésta surge desde el inicio de la operación. Casi siempre habrá que esperar algunos instantes a que se estimulen las hormonas.

Algunas mujeres, cuando la leche les está subiendo, suelen experimentar una grata sensación de cosquilleo en el pecho. Si no es así, será la evidente satisfacción del bebé la prueba de que todo es correcto. Hay casos, no muy frecuentes, en los que se hace difícil la subida de la leche. Hay que consultarlo con el médico, quien proporcionará un tratamiento que resolverá el problema.

La producción de leche por parte de los pechos maternos parece que no tuviera fin... mientras el bebé siga mamando. Cuanto más mame el bebé, más leche producirá la madre.

Es aconsejable dar de mamar al bebé siempre que lo precise, sin mantener un horario

rígido. Él mide su propio apetito y la madre surte de toda la leche necesaria.

Al cabo de unas pocas semanas, puede parecer que el bebé ha asentado sus horarios de comida y, de pronto, vuelve a desordenarlos y a querer mamar en cualquier momento. Es algo absolutamente normal aunque pueda parecer un poco incómodo.

En cada toma hay que dar de mamar al bebé de los dos pechos pero es conveniente alternarlos y empezar siempre con uno distinto. De esta manera los dos pechos estarán igualmente estimulados para su producción de leche, ya que los bebés maman con mayor fuerza succionadora del primer pecho que se les ofrece. Eso es así simplemente porque están más hambrientos.

Existen en el mercado unos succionadores de leche. Con ellos puede extraerse la leche del seno materno y conservarla para dársela al bebé cuando la necesite, sin tener que darle directamente el pecho. Esta leche, una vez enfriada, puede incluso congelarse durante mucho tiempo pero al descongelarla, sólo se puede guardar en el frigorífico durante no más de tres

días. Con la utilización de estos succionadores, los pechos se mantienen estimulados y continúan produciendo leche.

Amamantar a su hijo recién nacido es un acto profundamente emocional para la madre, pero también es un acto físico que a veces produce algunos desarreglos de distinta importancia en su cuerpo, especialmente en sus senos. Existen una serie de precauciones y cuidados que ayudan a minimizar esas molestias.

Durante los primeros días, cuando la leche sube a los pechos, deja en estos una sensación de pesadez que puede resultar dolorosa. Para mitigar esa sensación es conveniente aplicar todo el calor que se resista sobre cada uno de los pechos, valiéndose de una toallita empapada en agua caliente. Esta sensación de congestión desaparecerá en unos pocos días conforme el bebé vaya aumentando sus dosis de leche.

El dolor que se siente en los pezones va desapareciendo paulatinamente conforme el bebé va alargando sus sesiones de lactancia. Es una cuestión de entrenamiento, por lo que es una buena idea ir aumentando gradualmente la

duración de esas sesiones, por ejemplo, de los cinco minutos del primer día, a los diez minutos el tercero o el cuarto.

Después de cada toma, y antes de cubrir el pecho, hay que asegurarse de que los pezones estén secos del todo.

Es muy conveniente lavar los pezones cuatro o cinco veces al día.

Es frecuente que los pechos rezumen leche durante gran parte del día. Para evitar la incomodidad que este hecho inevitable produce, conviene forrar el sujetador, pero nunca con una tela impermeable. El algodón es el tejido más adecuado. Existen en el mercado sujetadores especiales para madres en período de lactancia que ofrecen una adecuada protección y que además facilitan la acción de dar el pecho por tener una abertura cómoda. También existen unos discos de algodón para evitar manchar la ropa de leche.

Un número importante de mujeres, durante la lactancia, adquieren una dolencia, para nada grave, llamada mastitis. Se trata de una infección causada por la obstrucción de uno de los canales por los que brota la leche. El proceso puede resultar doloroso y causar fiebre. Hay un tratamiento sencillo que consiste en aplicar calor en el pecho aquejado de mastitis durante diez minutos y cada seis horas. También es recomendable aumentar la frecuencia y el tiempo de cada toma. Si los síntomas no desaparecen habrá que consultar con el médico por si se hiciera necesaria la administración de algún antibiótico.

Los pezones de algunas mujeres están invertidos, lo que les complica el acto de amamantar. Lo mejor es consultarlo con el médico, que muy probablemente recomendará una serie de ejercicios o unas pezoneras que ayudarán a resolver el problema. Estos ejercicios son llamados *Ejercicios de Hoffman*.

Ejercicios de Hoffman

Se colocan los pulgares de las dos manos a un lado y a otro (izquierda y derecha) del pezón. Se aprieta y, manteniendo la presión, se van separando los pulgares el uno del otro. Se repite varias veces este movimiento. Luego se varía la posición de los pulgares colocándolos encima y abajo del pezón, se aprieta y se separan el uno del otro. Se repite también varias veces este movimiento.

Es necesaria la ingesta de mucho líquido (ocho vasos diarios) para garantizar la producción de leche. No es mala idea acostumbrarse a tomar un vaso de agua o zumo de fruta natural, sin azúcar, después de cada toma, y por supuesto, olvidarse de las bebidas alcohólicas.

Por último, la dieta. Una mujer que amamante a su bebé, necesita ingerir 500 calorías más de las que habitualmente consume (unas 2.500 al día). Tiene que ser además una dieta equilibrada, rica en vitamina A (vegetales y frutas) y en vitamina C (naranja, kiwi, limón, etc.); los cereales pueden ser consumidos en forma de pan, pasta o arroz; los productos lácteos (leche, queso, yogur, etc.) proporcionarán el calcio necesario; la carne, las aves, el pescado y también las legumbres proporcionarán las proteínas. Con esos elementos pueden construirse menús variados y sabrosos.

LA ELECCIÓN DEL BIBERÓN

Ya ha quedado dicho que optar entre la alimentación natural y el biberón es una decisión de suma importancia y que, en cualquier caso, corresponde tomar a la madre. Sin contar con los casos de obligado cumplimiento, el padecimiento de una *hipogalactia*, por ejemplo, son consideraciones de tipo personal, profesional o fami-

Hay otras consideraciones generales que tienen que ser tenidas en cuenta por las mujeres que están amamantando, relacionadas con sus hábitos de vida incluyendo los alimentarios.

Es muy importante el descanso, sobre todo durante las primeras semanas después del parto. Hay que aprovechar cualquier resquicio de tiempo para echarse una siesta, sobre todo teniendo en cuenta que las noches suelen ser bastante agitadas. Un buen sistema es tratar de olvidarse de todo trabajo que no tenga que ver con el bebé y aprovechar sus horas de sueño para acompañarle en tan saludable actividad. Un cuerpo descansado produce más y mejor leche.

Hay que huir de las tensiones manteniéndose relajada y tranquila, sobre todo antes de dar de mamar al bebé.

liar las que podrán decidir la elección del biberón desde el primer momento o más tarde.

En este caso, será el pediatra quien aconseje el tipo de leche de fórmula y su dosificación. Desde el nacimiento hasta los seis meses, el niño se alimentará con la leche llamada de inicio. De los seis meses a los quince, tomará la leche de continuación, y a partir de entonces se le recomendará la leche de crecimiento que sólo abandonará cuando el pediatra permita el uso de la leche de vaca definitiva, cambio que suele ocurrir cuando el bebé haya cumplido los tres años.

La preparación de un biberón es muy simple: sólo hay que recordar que la higiene tiene que ser muy escrupulosa.

Si se utiliza agua del grifo, debe hervirse previamente durante, por lo menos, dos minutos. Luego puede guardarse en recipientes estancos para tomas posteriores.

Esterilización del biberón

Existen en el mercado esterilizadores en caliente y en frío. Los primeros son eléctricos y son recipientes que se llenan de agua y en los que se introducen los biberones. Se enchufan y ellos mismos controlan la temperatura y el tiempo necesarios para la esterilización completa.

Los esterilizadores en frío son básicamente iguales, pero en vez de electricidad utilizan un producto químico perfectamente probado que no ofrece ningún tipo de riesgo.

En ambos casos hay que cambiar el agua de los recipientes cada día.

Un método más artesanal y casero es el de colocar biberón y tetina en un recipiente no metálico con un poco de agua que se introducirá en el microondas, al que se hará funcionar durante diez minutos a la máxima potencia.

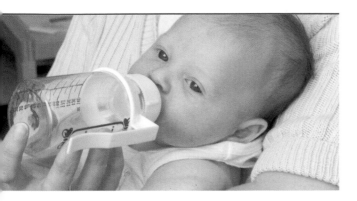

También puede utilizarse agua embotellada, pero entonces hay que poner mucho cuidado en comprobar que el grado de mineralización es el adecuado.

En el biberón, que estará bien limpio y esterilizado, se echará la cantidad de agua caliente aconsejada.

Se añade la leche en polvo utilizando la medida que se incluye en el recipiente de leche. La medida no tiene que rebosar, o sea, no tiene que tener «copete», sino ser rasa.

Se tapa el biberón con la tetina y se agita bien hasta la completa disolución de la leche.

Si es necesario calentarlo, se hará al baño María o en un calentador especial de los que existen en el mercado.

Después de cada toma hay que lavar y esterilizar el biberón y la tetina.

La leche de fórmula que se encuentra en las farmacias y algunos comercios especializados tiene todos los elementos necesarios para la alimentación del bebé, por lo que no se hace necesario ningún complemento vitamínico. Viene en tres formatos distintos: en polvo, condensada y lista ya para usar.

La leche en polvo es muy fácil de preparar con agua embotellada o del grifo adecuadamente tratada (hervida). Una vez abierto el envase hay que conservarla en un sitio fresco y seco. Es la más económica de las tres.

La leche condensada también se puede preparar con agua del grifo. Se presenta en botes que una vez abiertos hay que conservar en el frigorífico y no durante más de veinticuatro horas.

La leche lista para usar se utiliza directamente del biberón que le sirve de envase. No hay que mezclarla con nada y una vez abierta tiene que consumirse, ya que su conservación es complicada. Es la más cara de las leches de fórmula.

¿CUÁNTO Y CUÁNDO?

No es posible recomendar una cantidad precisa de leche para cada biberón que se le vaya a dar a un bebé. Como las personas mayores, los bebés presentan diversos grados de apetito. Por aproximación, vamos a proporcionar una tabla de cantidades que como se ve es bastante flexible, pero que indica las cantidades que, en términos medios, suelen tomar los bebés.

Estas cantidades que, insistimos, no son exactas, se distribuyen entre todas las tomas del día. A algunos bebés se les suele despertar el apetito cada dos horas y a otros cada cuatro, aunque de noche suelen espaciar más estos tiempos.

Meses	Dosis
Recién nacido–3 meses	60–120ml agua + 2/4medidas leche
De 3 a 6 meses	150–180ml agua + 5/6medidas leche
De 6 a 12 meses	180–240ml agua + 6/8medidas leche

El biberón

Hay que tomar al niño en uno de los brazos con su cabecita apoyada sobre el codo flexionado. Con la otra mano se sostendrá el biberón. Acariciarle la carita con la tetina. Él responderá girando la cabeza y buscando el biberón con la boca abierta.

Es conveniente que la cabeza y el torso del bebé formen un ángulo no muy pronunciado. Así tragará mejor.

Hay que mantener el biberón en alto para que su parte superior y más estrecha esté siempre llena de leche. De esa manera el bebé no tragará demasiado aire.

No hay que alarmarse si el bebé en alguna de sus tomas no termina de comer todo el contenido del biberón. Al igual que los adultos, ellos tienen más o menos hambre a lo largo del día. Es conveniente, al principio, preparar los biberones con un poco más de leche de la recomendada. Cuando en dos o tres tomas el bebé se haya terminado toda la leche, se aumenta la cantidad en las próximas tomas. Es el mismo bebé quien va controlando la cantidad de alimento que necesita.

Aunque resulte más controlable, no es conveniente mantener unos horarios rígidos para dar el biberón a los bebés. Hacerlo supone añadir tensión y ansiedad en los padres, cuando ven que el niño no se termina el biberón. Tampoco debe resultar cómodo para el bebé. Darle al niño el biberón cada vez que por sus lloros parezca que lo necesita, es la mejor manera de hacerlo.

Una última recomendación es la de no despertar nunca al bebé para darle su biberón. Él solo se despertará cuando tenga apetito.

DAR EL BIBERÓN

A los bebés parece que les gusta más tomar su biberón ligeramente caliente, aunque en verano se les puede administrar a temperatura ambiente.

Para calentar un biberón basta con poner en el fuego un recipiente con agua e introducirlo en él.

También puede hacerse poniendo el biberón debajo del grifo del agua caliente.

Echar el aire

La postura más normal es poner al bebé al hombro y dejar que su cabecita repose en él. Luego se le palmea muy suavemente la espalda.

El bebé se sienta sobre una de las piernas de la persona, también sentada, que trata de hacerle eructar. Con una de las manos se le sujeta por el estómago y con la otra se le palmea suavemente la espalda.

Se tiende al bebé boca abajo y con la cabeza ladeada sobre las rodillas de la persona, también sentada, que trata de hacerle eructar. Con una de las manos se le sostiene y con la otra se le palmea con suavidad la espalda.

Si se utiliza el microondas para calentar el biberón, hay que tener mucho cuidado ya que ese aparato puede calentar en exceso la leche y mantener casi frío el envase.

Antes de darle el biberón al niño hay que comprobar la temperatura de la leche en la muñeca que es una zona muy sensible al calor.

Hay que comprobar que el orificio de la tetina es el adecuado para que la leche mane con regularidad. Será el propio bebé el que indicará la cantidad de flujo que le es más confortable. Si es poca se cansará del esfuerzo que tiene que hacer para succionar. Si es mucha empujará con su lengua la tetina para evitar que entre en su boca más leche de la que es capaz de tragar.

Alimentación natural

Ventajas de la alimentación natural

Comodidad: leche siempre a punto y a temperatura adecuada.

Inmunidad: protege al bebé de infecciones y previene futuras enfermedades.

Nutrición: tiene todos los elementos necesarios para el desarrollo saludable del niño.

Emocional: crea un intenso lazo de unión entre la madre y el hijo.

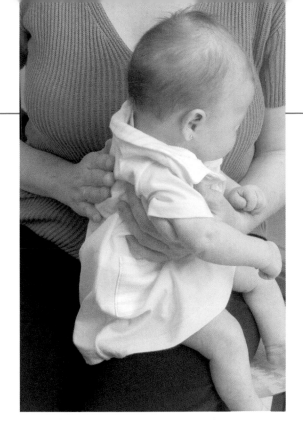

Si no se toma la precaución de ayudar a eructar al bebé, su sueño podría interrumpirse con los dolores producidos por los gases.

No hay que dejar nunca al bebé a solas con su biberón. Aparte de los accidentes que puedan producirse, se le priva del abrazo que tanto necesita.

LOS ERUCTOS

No hay manera humana de evitar que los bebés al mamar, ya sea del pecho materno o del biberón, junto con la leche traguen algo de aire. Por eso es tan importante que tras una toma, o en una pausa dentro de ella, el niño eructe. El aire engullido junto con su alimento, la leche, si permanece en su pequeño estómago le hace sentirse muy incómodo. Muchas veces eructa por su propia cuenta pero otras muchas se hace necesario el provocárselo. Lo normal es que el bebé eructe una vez en medio de su toma y otra después de terminar. Si rechaza el biberón sin haber mamado la cantidad de leche que en él es habitual y no eructa, no hay que preocuparse. Se espera unos minutos y se le ofrece de nuevo el biberón. Si no eructa ni en medio de la toma ni al final, ha llegado el momento de provocarle el eructo. Para hacerlo hay que buscar la postura ideal con la que el niño se sienta más cómodo. Siempre tendrá que estar inclinado hacia delante, con la cabecita baja y apoyado en su estómago. Hay tres posturas clásicas que se explican en el cuadro.

Alimentar con biberón

Ventajas de leche de fórmula (biberón)

Mayor implicación del padre que puede alimentar a su hijo.

Mayor comodidad y más tiempo libre para la madre.

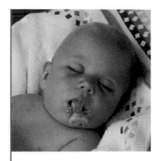

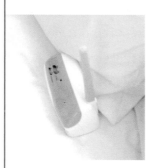

Antes de ayudar a eructar a un bebé, resulta muy práctico protegerse la zona sobre la que él apoya su cabecita para evitar las manchas del pequeño vómito que suele acompañar al eructo. Un pañal limpio o una toallita del mismo bebé es lo que se normalmente se tiene más a mano.

Normalmente la cantidad de leche regurgitada es ínfima, pero algunas veces puede ser más copiosa y queda al criterio de los padres preparar un poco más de biberón. Si el bebé lo acepta bien será lo más correcto, pero nunca hay que forzarle a comer porque si no lo quiere, probablemente no lo necesite.

El pequeño vómito o regurgitación es totalmente normal y nada preocupante, sobre todo si el bebé sigue ganando peso con normalidad y mantiene unos niveles de progresión en el percentil. Desaparece con el tiempo, cuando el cardias, una válvula que cierra el esófago para impedir que por él se introduzcan los alimentos, esté completamente formado.

Otro asunto más delicado son los vómitos de verdad que se diferencian por ser mucho más copiosos. Si además se presentan con otros síntomas, como fiebre, tos o malestar manifiesto por parte del bebé, es necesario recurrir al pediatra.

El sueño

EL ACUERDO POPULAR SOBRE LA AFIRMACIÓN DE QUE EL SUEÑO ALIMENTA A UN BEBÉ TANTO COMO LA LECHE ESTÁ MUY EXTENDIDO Y ADEMÁS EN LO CIERTO, PORQUE EL SUEÑO ES FUNDAMENTAL PARA SU DESARROLLO CEREBRAL AUNQUE NO SE CONOZCAN MUY BIEN CUÁLES SON LAS CAUSAS.

El sueño productivo —REM le llaman los estudiosos del sueño—, es aquel que en los adultos se significa por el movimiento de los ojos por debajo de los párpados. En los bebés se manifiesta porque se muestran más inquietos y chupan repetidamente y con energía su chupete. Si se observa a un bebé se ve que en ese estado, una especie de duermevela, pasa la mayor parte de su tiempo. Es una buena señal.

Existe la creencia de que un bebé necesita dormir, por lo menos, dieciséis horas al día, pero hay niños que no pasan de diez y otros que duermen más de diecinueve y no les pasa nada malo. El sueño que de verdad necesita un bebé es aquel que él esté dispuesto a dormir, algo parecido a lo que pasa con su alimentación, que la más adecuada es la que él esté dispuesto a ingerir.

Por lo general, los bebés recién nacidos intercalan con bastante exactitud sus períodos de sueño y de vigilia. Tras su primera toma del día suelen dormir casi toda la mañana y sólo se despiertan cuando vuelven a tener hambre. Tras la segunda toma otra vez se quedan dormidos hasta que de nuevo sienten apetito. A la toma

La falta de sueño es una de las quejas más comunes entre los padres. Enseñar desde el principio unas pautas horarias al bebé dará su fruto y en breve la familia podrá descansar.

que le toca a la hora de comer, le sigue una corta siesta de no más de una hora y luego permanece despierto por un espacio de más de dos horas, lo que le lleva a reclamar otra toma. Tras ésta se dormirá hasta que le toque la última toma del día. Lo que ocurre es que esta pauta mudará rápidamente conforme el niño vaya cumpliendo meses. Irá durmiendo cada vez menos y mostrándose más activo durante el tiempo que permanezca despierto. Muchas madres han conseguido, más o menos, que sus bebés duerman a determinadas horas actuando sobre los horarios de alimentación y estableciendo una rutina que marque con claridad cuando hay que «irse a dormir».

El sueño nocturno es otra cosa. Hay padres que no han conseguido dormir siete horas seguidas desde que han traído a casa a su bebé hasta pasados tres años, pero no hay que desesperarse: por lo general, a partir de los seis meses de edad, los bebés estabilizan su sueño incluyendo el nocturno.

Los bebés no están capacitados para sufrir insomnio, lo que quiere decir que, si no duermen todo lo que parece recomendable es que no necesitan dormir más y a no ser que se pasen todo el día y la noche dormidos, tampoco menos. En un hogar al que acabe de llegar un bebé, el control del sueño hay que hacerlo sobre los padres. En cualquier caso se pueden establecer una serie de medidas para que el bebé consiga dormir, sobre todo por la noche, de la manera más cómoda y conveniente para él, que no son difíciles de establecer.

El bebé tiene que sentirse cómodo y eso no depende casi nunca de los factores externos (sonido, movimiento, etc.) sino de los internos (hambre, dolor, necesidad de que le limpien, etc.). No es necesario que la casa permanezca quieta y en silencio pero sí lo es el que el niño se eche a dormir alimentado, «eructado» y limpio.

La habitación en la que duerme el bebé debe mantener una temperatura razonablemente cálida, en torno a los 18 °C, y oscurecida para que si el bebé se despierta no consiga ver nada que llame su atención y le desvele.

Hay que procurar que las tomas de alimento por las noches se produzcan lo más rá-

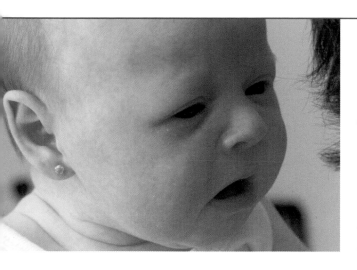

Las principales causas del llanto en un bebé son el hambre, el pañal sucio o la incomodidad. Pronto los padres aprenderán a distinguirlas.

Como todo lenguaje, y el llanto no deja de ser el propio de los bebés que aún no consiguen hacerse entender de otra manera, es necesario esforzarse en entenderlo y la única manera posible de hacerlo es estudiar al bebé y tratar de relacionar su llanto con aquello que consigue calmarlo. Las causas más frecuentes por las que el bebé llora han sido objeto de observación y estudio por parte de muchos especialistas en el tema. Vamos a enumerar las más frecuentes que al final de cuentas resultan ser casi todas.

pidamente posible y sin hacer nada que le pueda llamar la atención (hablarle, cantarle, acariciarle, etc.) para que pueda volver a dormirse inmediatamente.

Cuando llore, acuda enseguida. Si se le deja llorar, lo más probable es que acabe por despertarse del todo.

EL LLANTO

Los pajaritos pequeños pían, los lobeznos gimen, los corderitos balan y los bebés lloran. Esa es la manera en la que los recién nacidos de todas las especies llaman la atención de sus padres. Los bebés, con su llanto, dicen que tienen hambre, que les duele algo, que están incómodos, que se sienten solos... y aunque es normal que los padres se sientan desolados ante el llanto de su bebé, la verdad es que... ¡bendito sea! Sin el llanto, un bebé estaría absolutamente incomunicado sin poder expresar lo que en ese momento necesita.

Algunos bebés pueden llorar por las tardes, es su manera de decir que están cansados y quieren irse a dormir.

La mantilla

Se tiende al bebé boca arriba sobre la mantita o la mantilla que se ha doblado para hacer con ella un triángulo (esta prenda debe estar confeccionada con un material suave, cálido y esponjoso). La nuca del bebé debe estar nivelada con el lado más largo del triángulo quedando el vértice del ángulo opuesto bastante más abajo de los pies del niño.

Pase uno de los ángulos laterales por encima del hombro izquierdo y por debajo del brazo derecho del bebé. La mantilla sobrante se coloca por debajo del cuerpecito.

Coloque el ángulo que ha quedado libre por encima del brazo derecho pero dejándole la mano libre. Apriete con suavidad el envoltorio así conseguido.

Levante al bebé con suavidad y llévelo a su cuna.

EL HAMBRE

Es la causa principal del llanto de un bebé. Suele ser a hora fija y se calma con facilidad alimentándole, aunque sea fuera de su horario que ya empieza a ser habitual. No basta con tratar de engañarle dándole, por ejemplo, un biberón con agua azucarada. Si de verdad tiene hambre, comenzará chupando la tetina del biberón con energía pero pronto lo dejará y seguirá llorando.

EL DOLOR

Salvo causas más graves, el dolor más frecuente que sienten los bebés es el que les produce una acumulación de aire en su estómago. Los bebés necesitan eructar tras haberse alimentado. Si el dolor contra el que el bebé protesta llorando es causado por esa acumulación de aire, basta con hacerle eructar tal y como se ha explicado en el capítulo dedicado a la alimentación. Si el bebé recién comido no eructa o si tras el eructo sigue llorando, habría que buscarle otras causas a su llanto.

EL FRÍO

Si el bebé siente frío mientras duerme, se despertará y llorará. El frío moderado no suele ser peligroso ya que, al llorar, el bebé produce calor.

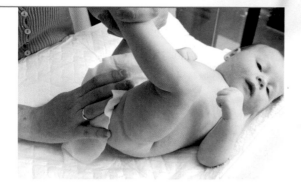

Cuando el bebé llore por la noche por haber ensuciado el pañal, hay que cambiárselo rápidamente para evitar que se desvele.

Lo que pasa es que, como a todos, no le gusta esa sensación. Abríguele y se calmará.

Pañales sucios o mojados

No todos los bebés lloran bajo esas condiciones pero lo que sí es seguro es que llorarán si esa circunstancia les produce una irritación en su culito. Es conveniente, por tanto, vigilar el estado de los pañales del bebé por si acaso es de los que no lloran. Sin intentar desmoralizar a nadie tenemos que decir que hay que efectuar cada día no menos de diez o doce cambios de pañal.

La soledad

La alimentación, el sueño y los mimos, con contacto físico incluido, son las tres bases sobre las que se sujeta el bienestar del bebé. Si le falta su ración de mimos, el bebé se sentirá solo y llorará. Acaríciele, cójalo en brazos y hable con él. Se sentirá acompañado y dejará de llorar.

La inseguridad

Cuando se disponen a dormir, algunos bebés se muestran inquietos y se ven asaltados por estremecimientos y temblores. Se sienten inseguros y lloran porque no consiguen conciliar el sueño. Para calmarles y darles seguridad hay que envolverles en una mantita o toquilla. Eso les hará sentirse seguros y no tendrán ese motivo para llorar.

Envolver a un bebé en una mantita o en una mantilla es una de las técnicas más antiguas que se conocen para dar seguridad a un bebé y permitirle dormir con tranquilidad. Puede parecer fácil, y de hecho lo es, pero hay que hacerlo de la manera adecuada, si no puede ser peor el remedio que la enfermedad.

Los cambios bruscos en su entorno

Un cambio brusco siempre produce una pequeña conmoción. Pasar del silencio más absoluto a una gran algarabía, salir de repente de la oscuridad a la luz, despertarse con los besos apretados de un adulto, etc. son cambios bruscos que provocarán el llanto en el bebé. Eliminarlos es por tanto evitar una de las causas del llanto.

Si no cambia a un bebé el pañal por la noche después de una deposición, existe el riesgo de que su piel se irrite y desemboque en una dermatitis del pañal.

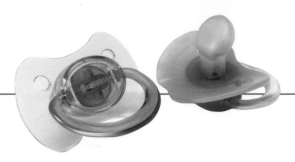

Chupetes

No hay que recurrir al chupete cada vez que el niño se muestre inquieto o rompa a llorar. Antes hay que cerciorarse de que no está pidiendo alguna cosa.

Si se acostumbra el bebé a dormir con el chupete puesto, cada vez que se le caiga se echará a llorar con el consiguiente trastorno para el sueño de los padres. Lo mejor que puede hacerse es quitarle el chupete cuando esté empezando a adormecerse.

Al chupete no hay que ponerle nada. Ni azúcar, ni zumos, ni miel... Aparte de que alguno de estos productos pueden no ser del todo beneficiosos para el bebé, como éste perciba que el chupete es también un vehículo de gratos sabores, no habrá quien se lo quite.

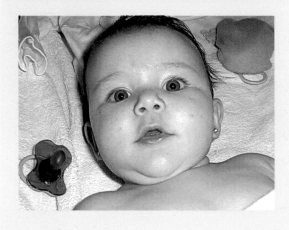

CAMBIO DE HÁBITOS

Cuando se baña a un bebé a destiempo o se le da de comer a horas no habituales, por ejemplo, estamos cambiando los hábitos del bebé y eso le desasosiega y protestará como sabe hacerlo: llorando.

DESNUDARLE

Casi siempre que se está desnudando a un bebé, comienza a ponerse nervioso y termina llorando cuando se le ha quitado la última prenda. Hay muchos padres que piensan que el bebé llora porque tiene frío y no es cierto. Al desnudarle llora incluso cuando la habitación está bien caldeada. Lo que ocurre es que a los bebés no les gusta tener su cuerpecito al aire o que les parece incómodo el cambio de ropa. El llanto desaparecerá cuando se le vista de nuevo. No es difícil evitar que llore aun estando desnudo si se le tapa con una toalla, por ejemplo.

GANAS DE CHUPAR

Los bebés nacen con el impulso de mamar muy desarrollado. Se puede comprobar por los intensos chupetones que el bebé le da a su propio dedo pulgar. Si el dedo no llega a satisfacerle el bebé llorará. Lo primero que hay que hacer es comprobar si tiene hambre dándole el pecho o el biberón. Si no es así... hay que recurrir al chupete. Se calmará de inmediato.

Existen en el mercado varios tipos de chupetes. Los más actuales están diseñados para que su uso constante no perjudique la próxima dentición del bebé. El chupete, como tantas otras cosas de la vida, tiene que ser usado con moderación y siguiendo unas normas muy sencillas.

El cólico del lactante puede ser una causa del llanto... pero afortunadamente sólo durante los tres primeros meses.

EL CÓLICO

Esta es una palabra que define un tipo de enfermedad que está siempre ligada a desarreglos gastrointestinales... si se refiere a un adulto. Aplicada a un bebé es mucho más amplia. Por de pronto no quiere decir que el bebé tenga problemas gástricos y, seguramente, ningún otro tipo de problema. El cólico del bebé ampara a toda situación en la que el bebé llora y no se calma. Se prueba todo para calmarle. Se le ofrece alimento, se le cambian los pañales, se le coge en brazos, se le canta una nana... y él sigue llorando aunque casi siempre durante menos de una hora. Y eso no es ningún desarreglo intestinal. Algunos bebés son así, llorones y contestatarios, sobre todo si se les ha acostumbrado a darles siempre todo lo que han pedido... llorando.

Que llore fuerte y encoja las piernecitas sobre el abdomen, no quiere decir que le duela el estómago. Los bebés al llorar siempre encogen las piernecitas sobre el abdomen. Si después de terminarse su última toma del día se pone a llorar durante largo rato, pero luego se calma y se duerme, eso no es cólico. Si durante el día se pone a llorar y no hay nada que le calme durante no más de media hora, pero luego o se duerme o se queda tranquilo, eso tampoco es cólico. Si se pasa unos cuantos minutos llorando y no se calma hasta que se le coge en brazos y se le consuela, pero vuelve a llorar si se le deja otra vez en la cuna, eso no es cólico. El bebé quiere que se le hagan más mimos.

En definitiva, un bebé tiene cólico cuando día tras día y noche tras noche llora y llora y no hay nada que le consuele. Esta es una situación difícil para los padres que pueden llegar a desesperarse. La recomendación es hacer cualquier cosa con la que se consiga tranquilizar al bebé. Ofrecerle el pecho o el biberón aunque no le toque comer, levantarlo en brazos, jugar con él... Cualquier cosa que apacigüe su llanto, aunque sólo sea por unos minutos, será bienvenida. En realidad esos llantos ininterrumpidos no tienen mayor explicación. A los bebés y a los padres que los padecen sólo les queda esperar a que se pasen, cosa que ocurrirá en pocos meses.

Se trata de una situación afortunadamente infrecuente que requiere una consulta al pediatra, quien tranquilizará a los padres porque el cólico tampoco es grave.

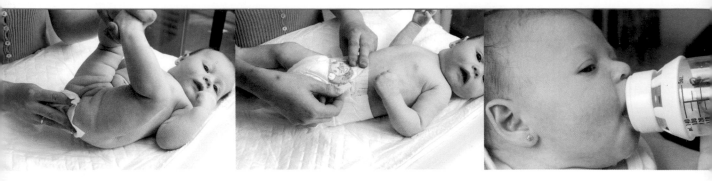

LAS «CAQUITAS» Y LOS «PISES»

La primera «caquita» de un niño no es «caquita». Es una sustancia de aspecto pegajoso y color verde oscuro que se llama meconio. El meconio le sirve al bebé para despertar a su aparato digestivo y habituarle al trabajo que tendrá que hacer a lo largo de su vida. Normalmente esa primera deposición tendrá lugar en la maternidad por lo que la madre no tiene nada que vigilar. El neonatólogo o las enfermeras cuidarán de que el recién nacido no coma nada que no sea el calostro, antes de asegurarse de que ha expulsado todo el meconio, cosa que ocurre durante las primeras veinticuatro horas.

Ya en casa, cuando el bebé libre de meconio haya comenzado a tomar leche del pecho de su madre o de un biberón, comenzará a hacer sus correspondientes «caquitas» que al principio tendrán un aspecto raro y cambiante pero no hay que alarmarse por ello: es completamente normal.

Son deposiciones de un color verdoso/amarronado y casi siempre muy líquidas y llenas de mucosidad. Aunque lo parezca, no indican que el bebé tenga diarrea.

Poco a poco el bebé estabilizará también ese aspecto de su vida. Si está alimentado con la leche materna hará caquitas verdoso/amarillentas pero tampoco hay que preocuparse si ese color se hace más oscuro. La frecuencia de las deposiciones es de lo más variable. A veces manchará el pañal muchas veces al día y otras tardará tres o cuatro días en hacerlo. Esto no es motivo de alarma ya que entra dentro del capítulo de la normalidad, pero en cualquier caso el pediatra informará de si es correcto o no.

Las «caquitas» de los bebés que están siendo alimentados con leche de fórmula (biberón), son más sólidas. Son de color marrón clarito y se van pareciendo ya a deposiciones normales. Decididamente huelen peor.

Los bebés, como las personas adultas, pueden sufrir tanto de diarrea como de lo contrario, estreñimiento. Generalmente si están alimentados con leche materna estas dos irregularidades no suelen presentarse.

Alimentado con biberón un bebé tendría que hacer una «caquita» diaria. De no ser así es probable que sufra de estreñimiento sobre todo si le cuesta algún trabajo. Seguramente eso

Observando el color, el olor y la consistencia de su orina y sus deposiciones se pueden detectar posibles problemas de salud.

quiere decir que le falta líquido en su dieta. Habrá que suministrarle, aparte del biberón de leche, algo de agua.

También son los bebés alimentados con biberón los que pueden sufrir diarrea. Con esto hay que tener un poco más de cuidado ya que la diarrea puede deberse a una infección, la gastroenteritis, que para un bebé es muy peligrosa porque en ellos el proceso de deshidratación es muy rápido. Pero lo normal es que la diarrea se deba a la leche que está tomando y no a una infección. Un exceso de azúcar o de grasa en la fórmula de la leche, pueden causar diarrea. Conviene consultar al pediatra de inmediato y, si considera que la leche del biberón no es la adecuada para el bebé, recomendará otro tipo o marca de leche. No se debe cambiar de leche sin la recomendación del médico.

Los bebés hacen mucho pipí. Es prácticamente imposible mantenerles secos más allá de una hora y eso es lo normal. Lo anormal es lo contrario. Si un bebé se mantiene seco durante horas conviene acudir al pediatra para que se cerciore de que no hay ningún problema de obstrucción en las vías urinarias. Si el pipí de un bebé es de color subido y fuerte olor, será síntoma de que está tomando poco líquido. Si a pesar de que se le dé más líquido el color del pipí sigue siendo muy amarillo y, sobre todo, si su olor es desagradable, consulte al pediatra. Puede tratarse de una infección. Si cree ver vestigios de sangre en la orina, también debe acudir al médico pero tenga en cuenta que si el bebé es niña, posiblemente la presencia de sangre en la orina se deba a una pequeña hemorragia vaginal, cosa bastante normal en las niñas.

EL PEDIATRA, SU MÉDICO PERSONAL

Cuando en el centro sanitario en el que ha tenido lugar el acontecimiento dan el alta tanto a la madre como al bebé, éste ha pasado sin problemas un primer y exhaustivo examen médico. El bebé llega a casa en perfecto estado de salud y es el deseo de todos que permanezca para siempre en ese estado.

El pediatra es un profesional de la medicina especializado en niños. Será un aliado para los padres y un amigo para el niño durante toda su infancia.

Al médico

Síntomas preocupantes

- Al bebé se le aprecian convulsiones que aparecen de súbito.
- Su temperatura corporal está por debajo de 35 °C o por encima de 38 °C.
- Vomita abundantemente y con fuerza.
- Las «caquitas» son muy abundantes y fluidas o por el contrario pasa más de dos días sin ensuciar su pañal y lo hace con «caquitas» muy duras que le cuestan grandes esfuerzos.
- Hace muy poco pis. Algo no va bien si transcurren más de dos días sin mojar el pañal.
- El ombligo presenta un aspecto irritado y además secreta alguna sustancia.
- Los ojos los tiene muy enrojecidos y secos.
- La irritación del culito no cede, más bien se hace mayor, a pesar de los cuidados.

CALENDARIO DE VACUNACIONES

Recién Nacido	2 meses	4 meses	6 meses	15 meses	18 meses	4 años	11 años	14 años
Hepatitis b	Difteria Tétanos Tos ferina H. Influenzae b Polio inactivada Hepatitis B Meningococo	Difteria Tétanos Tos ferina H. Influenzae b Polio inactivada Meningococo	Difteria Tétanos Tos ferina H. Influenzae b Polio inactivada Hepatitis B Meningococo	Sarampión Rubéola Parotiditis	Difteria Tétanos Tos ferina H. Influenzae b Polio inactivada	Difteria Tétanos Tos ferina (acelular) Sarampión Rubéola Parotiditis	Hepatitis B	Tétanos Difteria (tipo adulto)

El pediadra facilitará a los padres un calendario de vacunación

Una alimentación adecuada y mucho amor son dos de los elementos imprescindibles para conseguir ese objetivo. Hay un tercer elemento que se hace también imprescindible y es el control sanitario del bebé hecho por un médico pediatra que le vigilará muy de cerca para que su desarrollo sea saludable.

Al final de la primera semana de su vida, el bebé tendrá su primera visita médica que generalmente se lleva a cabo en el ambulatorio de la zona, aunque puede ser en el propio hogar. Esa primera visita es muy importante. El médico le examinará para comprobar que la adaptación del niño a su nuevo medio ambiente es la adecuada. Le examinará ojos y oídos, comprobará si sus reflejos son los propios de su edad, comprobará las fontanelas, examinará su ombligo, le auscultará y estudiará sus ritmos cardíacos y respiratorios. Preguntará a los padres sobre la alimentación, su régimen de sueño y sus deposiciones... Una revisión que casi siempre resulta positiva y que sirve, fundamentalmente, para tranquilizar a los padres. Durante esa primera revisión, el pediatra iniciará la cartilla o ficha sanitaria del bebé.

Al final de la segunda semana habrá que repetir la revisión en la que se comprobará que todo sigue bien y que la salud del bebé se está consolidando.

Algunas vacunas no se incluyen en el calendario obligatorio de vacunación, sino que se recomiendan en caso de riesgo, como ocurre con la vacuna del Neumococo.

Estas dos visitas al pediatra son las primeras de una serie de ellas que tienen que estar previamente marcadas y a las que nunca se debe faltar. Cada centro de salud tiene un calendario para las visitas del bebé a su pediatra que, más o menos, puede seguir esta cadencia:

Durante el primer mes de vida de un bebé, se realizarán tres revisiones médicas. Una al final de la primera semana, otra al finalizar la segunda y la tercera al finalizar el primer mes.

Si todo marcha con normalidad, la próxima consulta pediátrica será al final del segundo mes, la siguiente al final del tercer mes y así sucesivamente, una visita al mes hasta que cumpla los seis meses.

A partir del sexto mes, y hasta que el bebé cumpla dos años de edad, las revisiones se harán de tres en tres meses.

Desde los dos años hasta los ocho, las revisiones se harán anualmente. Claro está que cuando el bebé presente algún síntoma que los padres consideren preocupante, no habrá que esperar a la próxima consulta previamente pactada, sino acudir a urgencias.

LAS VACUNAS

Capítulo muy importante en la atención médica que recibe el bebé es todo lo que se refiere a la prevención y dentro de la prevención están las vacunas. En el documento de salud infantil aparece un calendario de vacunaciones que tendrá que ser cumplimentado por el personal médico que las administre. En él se especifica la vacuna administrada, la fecha, el laboratorio que la ha producido y hasta el lote de producción (véase calendario de vacunaciones).

CONTROL DE CRECIMIENTO

Todo bebé cuando nace lleva inscrito en sus genes el tamaño, en altura y robustez, que puede

Calendario de Vacunación	
Meses	**Dosis**
R. nacido	Hepatitis B
2 meses	Difteria, Tétanos, Tosferina, H. Influenzae b, Polio inactivada, Hepatitis B, Meningococo C
4 meses	Difteria, Tétanos, Tosferina, H. Influenzae b, Polio inactivada, Meningococo C
6 meses	Difteria, Tétanos, Tosferina, H. Influenzae b, Polio inactivada, Hepatitis B, Meningococo C
15 meses	Sarampión, Parotiditis, Rubéola
18 meses	Difteria, Tétanos, Tosferina, H. Influenzae b, Polio inactivada

¿Cómo serán de altos?

Existe una ecuación, «talla diana», que sirve para aproximarse a la estatura futura del bebé:

Talla del padre + talla de la madre : 2 = X

Futura talla si es niño = X + 6,5 cm.

Futura talla si es niña = X − 6,5 cm.

llegar a alcanzar en su edad adulta. Claro está que, el que consiga desarrollarse plenamente tal y como le viene a marcar su código hereditario, depende también, y muy mucho, de los factores externos que le rodeen durante su etapa de bebé, de niño y de adolescente. La alimentación, los controles médicos y el amor y cuidado que le dispensen sus padres, serán definitivos para su futuro desarrollo.

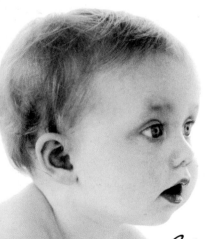

El ser humano, desde el primer instante en el que es concebido y su edad adulta, no deja de crecer, cada uno a su ritmo, pero sin dejar de hacerlo. Ya al nacer se presentan diferen-

cias notables. Hay niños que llegan a este mundo con 2,5 kg de peso y otros lo hacen con más de 4 kg. Entre esas dos magnitudes se sitúa la normalidad. Los primeros días tras el nacimiento, los bebés pierden peso, aproximadamente un 10%, pero lo recuperan rápidamente y a partir de ese momento empiezan a ganar de una manera progresiva. Durante los tres primeros meses su peso se irá incrementando en 800 o 900 g al mes. De los tres meses a los seis, ganará cada mes aproximadamente 600 g y desde los seis meses a los doce su peso se verá incrementado en unos 500 g al mes. Estos incrementos de peso no se pueden ir midiendo día a día, ya que el reparto no suele ser proporcional en tan escaso espacio temporal. Lo mejor es pesarles semanalmente los primeros meses.

¿Cómo es?

No hay dos personas iguales, eso dicen muchos de los estribillos de muy diferentes culturas, así que debe de ser verdad. Y también es verdad que no hay dos bebés iguales. Al fin y al cabo también son personas, pequeñitas, pero personas. No

es fácil generalizar en torno a cómo es y cómo se comporta un bebé. Las características que vamos a exponer en la próximas páginas hay que considerarlas como un ejercicio que persigue obtener una media que sirva de orientación.

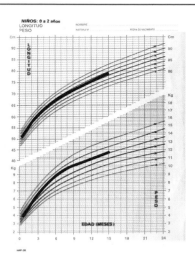

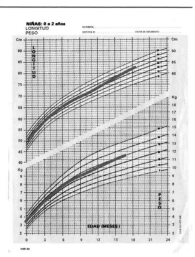

El hecho de que el niño se sitúe por encima o por debajo del percentil medio no indica nada malo, sólo son datos aproximados y lo importante es que el bebé progrese.

El buen peso que va ganando un niño no es por que se va poniendo «gordito», lo es porque, sobre todo, se está poniendo «altito». Una buena relación entre peso y talla es la mejor prueba para demostrar que el niño se está desarrollando muy saludablemente.

GRÁFICOS DE CRECIMIENTO

El pediatra, en el mismo documento de salud infantil, abre unos gráficos en los que se miden varios parámetros que entran a formar parte del desarrollo integral del niño. Hablamos de los percentiles, una palabra de relativamente reciente incorporación al lenguaje materno/infantil.

Se trata de encontrar una medida relativa, como lo son todas, sobre lo que está por encima y lo que está por debajo de lo considerado normal y los distintos grados de variación con respecto a esa normalidad.

Se trata, como se ve en la imagen superior, de una serie de celdillas que se organizan sobre dos líneas, una horizontal y la otra vertical, en una de las cuales se sitúa la edad del niño, en semanas, y en la otra se sitúa el grado de desarrollo del parámetro a medir (peso, talla, edad ósea, diámetro del cráneo, etc.). Los parámetros generalmente más utilizados son los correspondientes al peso y a la talla.

Sobre ese cuadro se sitúa una línea que se corresponde con la que presentarían, como media, los niños que viven en igualdad de condiciones por su ubicación geográfica, estamento social, cultura, etc. Hay una media de normalidad entre los niños españoles, otra entre los niños americanos y otra, por supuesto, entre los niños sudaneses...

Sobre esos gráficos el pediatra irá anotando, semana a semana, el progreso del niño. La línea que se vaya formando con los datos anotados, se compara con la que representa la media y de esa manera, se podrá ir conociendo si el niño avanza adecuadamente o retrocede.

SU CUERPO	SU MENTE
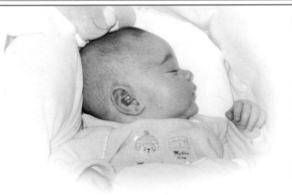 ❏ Mueve y flexiona piernas y brazos tratando de hacerse una bolita. ❏ Sus manos siempre están cerradas. ❏ No tiene fuerza suficiente en el cuello como para sostener derecha la cabeza. ❏ La luz intensa le molesta. Se protege cerrando los ojos.	❏ Duerme, duerme y duerme. Prepara su cerebro para futuras experiencias. Si tiene hambre, le duele algo o no está feliz, se despierta y llora. ❏ Cuando se le habla parece que escucha. Parpadea. ❏ Ya percibe los sabores primarios (dulce, amargo, salado y ácido). Claramente prefiere el dulce.

SU CUERPO	SU MENTE
❏ Tumbado boca abajo ya empieza a estirarse. ❏ Tumbado boca abajo consigue girar la cabeza para dejar libre su nariz. ❏ Es capaz de distinguir caras colocadas a unos 25 cm de sus ojos. ❏ Puede llegar a verse su propia mano cuando la agita ante su cara.	❏ Parece que quisiera hablar abriendo y cerrando la boca. ❏ Comienza a practicar el lenguaje corporal moviendo su cuerpo ante determinados estímulos. ❏ Acompaña con su mirada el movimiento. 

SU ACTITUD	¿Qué hacer?
❑ Es muy voluble y su humor nunca es estable. Pasa de la risa al llanto con gran facilidad. ❑ Reconoce a su madre por su olor y por el tono de su voz. ❑ Su sensibilidad está muy aguzada. Protesta y llora ante cualquier mudanza brusca de su confortable vida. 	✔ Cuando llora es que está llamado. Es necesario acudir con rapidez. ✔ No agitar bruscamente ni a él ni su cuna. Hay que procurar que no se produzcan ruidos fuertes en su cercanía. ✔ Hay que evitar las luces intensas. ✔ Cuando esté intranquilo, incluso llorando, hay que cogerle en brazos y llevarle con suavidad de un sitio para otro. Ese es su juego favorito. ✔ Hay que darle masajes con frecuencia. Recibir uno es una de sus más intensas satisfacciones. Se siente acompañado y querido.

SU ACTITUD	¿Qué hacer?
❑ Se tranquiliza cuando su madre le habla. Empieza a responder de diferente manera cuando se le grita y cuando se le habla suavemente. ❑ Mira con una cierta fijeza sobre todo al rostro que le es más conocido, seguramente el de su madre. ❑ Sonríe de vez en cuando y comienza a emitir soniditos.	✔ Colgar sobre su cuna algún objeto de colores brillantes y que se mueva. ✔ Hacerle escuchar alguna música relajante. ✔ Hay que mirarle a los ojos siempre que se pueda. ✔ Hablarle y cantarle bajito. 

SU CUERPO	SU MENTE
❑ Se ve atraído por todo lo que tenga color. ❑ Sus puños se abren y comienza a mantener las manos abiertas durante más tiempo. ❑ Hace muecas, jugando con su boca y se rechupetea las manos y los dedos. ❑ Va adquiriendo fuerza lo que se nota porque ya puede mantener, por poco tiempo, su cabeza erguida.	 ❑ Se le nota que empieza a sentirse atraído por el mundo que le rodea. ❑ Suele mirar con fijeza los objetos que están a su alcance, sobre todo si tienen colores brillantes. ❑ Sigue con la mirada a las personas que se mueven a su alrededor.

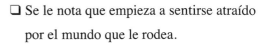

SU CUERPO	SU MENTE
❑ Mantiene ya sus manos completamente abiertas y además se las mira y juega con ellas. ❑ Mantiene erguida la cabeza aun estando en brazos. ❑ Tendido boca abajo, se levanta haciendo fuerza con sus brazos y levanta la cabeza. ❑ Si se le pone de lado, él solo se gira para colocarse boca arriba.	❑ Contesta con soniditos cuando se le habla. ❑ Muestra una especial atención a sus manos sobre todo cuando está solo. 

SU ACTITUD	¿Qué hacer?
❏ Sonríe cuando se le habla. ❏ Se queda quieto y atento cuando escucha una voz que reconoce. ❏ Se divierte mucho emitiendo ruiditos. ❏ Cuando está contento lo demuestra sonriendo y moviendo sus piernas y sus brazos. 	✔ Hay que hablarle mirándole fijamente y utilizando un todo de voz agudo. ✔ Hay que hacerle sonreír y cuando se consigue hay que celebrarlo con evidente alegría. ✔ Hacerle morisquetas exageradas para conseguir que él trate de imitarte. 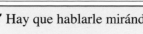

SU ACTITUD	¿Qué hacer?
❏ Si está cómodo le sonríe a todo aquel que se le acerque. ❏ Su mirada demuestra que reconoce a las personas que le son más cercanas. ❏ Los soniditos con los que contestaba a las palabras que se le dirigían comienza a ser mucho más expresivos. 	✔ Acariciarle la carita con suavidad, repasando su nariz, ojos y boca con los dedos. ✔ Hablarle e insistir hasta que él conteste con grititos. ✔ Hacer sonar un sonajero y moverlo para que él lo siga con la mirada. Cuando el bebé ha llegado a esta edad ya tiene que sonreír abiertamente, fijar con claridad la mirada y sostener firmemente la cabeza. De no ser así se hará necesario consultar al pediatra.

SU CUERPO	SU MENTE
❑ Si le acercas un objeto a la mano, lo coge y se lo llevará a la boca. ❑ Ya ve muy bien pero todavía no coordina adecuadamente la mirada con el movimiento de sus manos. 	❑ Se alegra muchísimo cuando vislumbra su biberón, incluso pasa del llanto a la risa muy rápidamente. ❑ Intentará coger cualquier cosa que se le enseñe. ❑ Volverá la cabeza hacia el lugar del que proceden los ruidos. ❑ Sus manos se han convertido en el mejor de sus juguetes.

SU CUERPO	SU MENTE
❑ Ya se queda sentado si se le proporciona algo de apoyo. ❑ Busca y coge con la mano algún objeto que se le haya caído. Eso sí, luego tratará de morderlo. ❑ Tendido boca abajo se yergue, apoyado firmemente en las manos, levanta bien la cabeza y la mueve de un lado para otro. 	❑ Juega con un sonajero y lo mueve esperando que suene. ❑ Descubre su cuerpo. Se coge los pies y trata de llevárselos a la boca.

SU ACTITUD	¿Qué hacer?
❑ Es maravilloso oírle reír a carcajadas. ❑ Tirará del pelo, tocará la nariz, manoseará la boca de todo aquel que se le ponga cerca. ❑ Su lenguaje se hace más amplio. Combina gestos, balbuceos, risas y lloros.	✔ Hay que comenzar a proporcionarle juguetes adecuados y seguros para que él los coja o trate de cogerlos. ✔ Jugar con él la mayor cantidad de tiempo posible. Su juego favorito es verse cogido en el aire y paseado de aquí para allá. ✔ Al hablarle, hay que mirarle fijamente a los ojos.

SU ACTITUD	¿Qué hacer?
❑ Sabe quién está a su lado. ❑ Demuestra su alegría gritando con fuerza. ❑ Sus gorgoritos empiezan a ser diferenciados.	✔ Cogerle en brazos y hacer que «vuele» despacito. ✔ Da paradas si se le sostiene en el aire sujetándole por las axilas. ✔ Hablarle y cantarle con palabras que sean reconocibles.

Sexto mes

SU CUERPO	SU MENTE
❏ Puede sentarse sin ningún tipo de apoyo pero rápidamente se caerá de lado.	❏ Sabe elegir el objeto que más le llame la atención, incluso suelta uno para coger otro.
❏ Coge todo aquello que despierta su atención.	❏ Si se esconde, a medias, un objeto que le guste él lo descubrirá y lo cogerá apartando aquello que lo mantenía medio oculto.
❏ Cuando se le ayuda a ponerse de pie mantiene las piernas extendidas y los pies bien apoyados en el suelo.	

SU ACTITUD	¿Qué hacer?
❏ Distingue y muestra su preferencia por su familia, aunque haya más gente presente. 	✔ Dejarle en el suelo sobre una alfombra suave. ✔ Dejar a su alcance juguetes simples y renovarlos o cambiarlos de lugar de vez en cuando. ✔ Hacerle cabalgar sobre las rodillas o columpiarle en el aire sosteniéndole por debajo de las axilas. A los seis meses, un bebé tiene que demostrar su interés por los objetos y los cogerá usando una y otra mano indistintamente. Si no es así, conviene consultar al pediatra.

el bebé

de 6 a 12 meses

Hasta que cumpla un año

Y de repente el bebé ha cumplido seis meses. Durante ese tiempo tan corto, han sucedido cosas sorprendentes y se han vivido circunstancias prodigiosas. Los nueve meses de embarazo han servido a madres y padres para idealizar el nacimiento de su hijo, acontecimiento extraordinario, que llega lleno de amor y buenas vibraciones, pero que hasta el momento del parto no se ha podido producir ni expresar de forma que pudiera ser percibido a través de los sentidos.

Así que cuando finalmente se le puede ver, oír, oler y «achuchar»... parece que el mundo se viene encima. Tan pequeño, tan frágil, tan necesitado de cuidados, un recién nacido es un exigente polo de atracción que llena a los padres de dudas sobre su propia capacidad para dar respuesta a tanta responsabilidad. Un recién nacido produce un sentimiento de desorientación, es un ser dispuesto a tomarlo todo sin dar nada a cambio, que no establece una relación de ida y vuelta y que despierta inquietantes temores sobre su seguridad. Así transcurren los días y las semanas y, quizás, algunos meses. Poco a poco, quien más cerca esté de él, se irá dando cuenta de que en el bebé, con sus nuevas habilidades recién adquiridas, va cambiando la inquietud y el miedo que produce al principio por algo muy cercano a lo que llamamos felicidad.

UNA NUEVA ETAPA

Su madre, y ojalá también su padre, comienza a entender el significado de su llanto. Le entenderá cuando tenga hambre y cuando quiera que le cambien y cuando exija un mimo... y un buen día el bebé sonreirá cada vez que sus deseos y necesidades hayan sido satisfechos. Él también finalmente conocerá y entenderá a sus padres. Por fin se habrá instalado en casa.

Mamá, papá, abuelos, tíos, tías... la familia toda, comienza una etapa en la que, ante sus ojos, el bebé va adquiriendo física y mentalmente características de niño. Comenzará a comer con cuchara, le empezarán a salir los dientes, gateará, se pondrá de pie... y sobre todo demostrará a todo aquel que quiera verlo que sabe dónde está y que, si todo va bien, está feliz y contento con el mundo que le rodea. Sin embargo, de los seis a los doce meses es muy probable que el bebé sufra episodios de desasosiego subrayados por llantos muy lastimeros. Es normal por muy descorazonador que parezca. Ocurre que se ha acostumbrado tan firmemente a la compañía de su madre, muchas veces también a la de su padre, que le resulta inaguantable el hecho de sentirse solo. Tiene que

tener siempre bajo su mirada a alguno de sus progenitores y, claro, eso no es siempre posible. Está tan desamparado como cuando era un recién nacido, pero ahora se da cuenta y lo padece.

Si esos momentos tristes que pasa el bebé no son precisamente una fuente de satisfacciones para sus padres, sí lo son y muy generosa, aquellos en los que se siente acompañado y muestra su felicidad emitiendo grititos, moviéndose con energía y, lo que es mejor, sonriendo. Hay que procurar estar cerca de él o en lugares a los que llegue su mirada. Eso le hará feliz y su felicidad será contagiosa a toda la familia.

En esta nueva etapa el bebé ya no crecerá de una forma tan escandalosa físicamente, sino que lo hará de un modo más paulatino. Sin embargo, su cerebro mostrará una actividad sin límite. Tiene mucho que aprender: va a empezar a comer lo mismo que los adultos, va a descubrir el movimiento y el desplazamiento y, con él, todo lo que le rodea estará a su alcance, incluídos los peligros de las casas (detergentes, lejías, enchufes, puertas, etc.) y de la calle, por lo que habrá que vigilarle constantemente.

Con estos meses, en definitiva, el bebé dará un gran paso: se preparará para su independencia y autonomía, pero lo hará con la ayuda de sus padres.

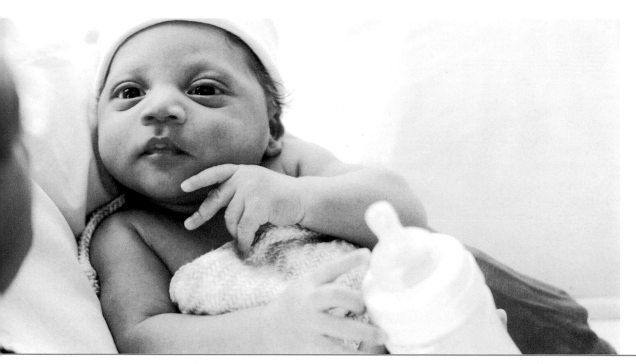

Alimentación

APROXIMADAMENTE A LOS SEIS MESES DE EDAD, QUIZÁS ALGO ANTES, EL BEBÉ YA COMIENZA A DAR MUESTRAS VISIBLES DE QUE PODRÍA ESTAR DISPUESTO A COMER ALGÚN ALIMENTO SÓLIDO ADEMÁS DE LA LECHE Y ESTE ES EL PRIMERO DE LOS GRANDES CAMBIOS. NO ES DIFÍCIL DARSE CUENTA DE ESTAS NUEVAS APETENCIAS DEL BEBÉ.

- Todavía no tiene dientes pero su boquita se mueve como si estuviera masticando.
- Abre la boca si se le acerca una cucharita.
- Fija su mirada curiosa en los adultos que están comiendo.

Hasta ahora, bien sea con leche materna o bien con biberón, la alimentación del bebé no ha ofrecido más problemas que el de dárselo a su hora. Todo lo que necesitaba venía prácticamente preparado del pecho de su madre o del envase de la leche maternizada. Además, aunque el bebé envíe claros signos de querer probar otros alimentos, lo normal es que pasar de un tipo de alimento a otro sea un cambio brusco ante el que va a protestar. Hay que prepararse para afrontar esta nueva etapa.

EL DESTETE

Momento delicado en la vida del bebé. Si ha estado alimentado exclusivamente con la leche materna, se hará preciso hacerle abandonar el estrecho vínculo que ha establecido con el pecho de su madre. Si ésta además tiene que reiniciar su vida laboral yendo al trabajo y cumplir con sus

Al principio comer con cuchara le resultará difícil y los padres tendrán que aplicar una dosis doble de paciencia hasta que se acostumbre.

compromisos sociales esto será inevitable. No es fácil hacer que el bebé abandone una forma de alimentación que no sólo le ha proporcionado una nutrición adecuada, sino que también le ha llenado de confortable seguridad. Proponerle al bebé ese cambio de manera brusca, de repente, resultará terriblemente laborioso y no hará felices ni al bebé ni a su madre.

La mejor propuesta es la de ir introduciendo la nueva forma de alimentación paulatinamente. Una fórmula eficaz es la de complementar su toma, todavía de leche, desde otro instrumento (existen en el mercado tazas especiales con grandes asas y un pico, especialmente diseñadas para tal efecto). Al principio no hay que confiar demasiado en el aporte nutritivo que el bebé reciba desde su nueva «despensa». Él no tomará mucha leche de forma habitual, pero empezará a conocer la nueva manera de

hacerlo y aprenderá a aceptar el nuevo sistema. Siempre poco a poco, se irá disminuyendo el tiempo de pecho y ampliando el tiempo de «taza». Llegará un momento en el que el bebé invierta el proceso y se encuentre igualmente satisfecho con el nuevo método alimenticio.

Si el bebé ha estado durante los seis primeros meses alimentado con biberón habrá establecido una relación afectiva muy intensa con él. Muchas veces su madre se lo habrá ofrecido, incluso vacío, para tranquilizarle. Proponerle un cambio radical no será una buena idea. Sería como separarle de uno de sus mejores compañeros. La fórmula, siempre aplicada paulatinamente, será la de ir disminuyendo en cantidad, los biberones base, que suelen ser los del mediodía y los de última hora de la noche y, para complementarlos, ofrecerle la taza. La media mañana y la media tarde, servirán para ofrecerle al niño alimento sin el concurso del biberón. Llegará un momento en el que la dependencia desaparezca y el niño estará en disposición de pasar a una alimentación menos láctea y más sólida.

ALGO MÁS QUE LECHE

Sus necesidades físicas son mayores; sus requerimientos intelectuales también. Ha llegado el momento de empezar a cubrir esas necesidades a través de una alimentación más completa y variada. Ha llegado el momento de la cuchara, sin olvidarse del todo del biberón con el cual el bebé tendrá más de un almuerzo de trabajo. Porque no hay que olvidar que aunque el bebé precise de otro tipo de alimentos, no puede prescindir totalmente de la leche. Por mucho que se apasione por sus nuevos alimentos, dependerá todavía del pecho materno o del biberón, de la leche, que seguirá siendo, y seguramente a lo largo de toda su vida, un complemento nutritivo de enorme valor.

La delicada tarea de ir cambiando la alimentación del bebé, exige seguir un protocolo que puede resumirse en los siguientes puntos:

- Los nuevos alimentos de sabores tan diferentes a los que el bebé está habituado, deben ser administrados de uno en uno. La primera papilla será de un solo cereal, o de una sola hortaliza o de una sola fruta.

- Se comienza con los que resultan de más fácil digestión: cereales que no contengan gluten, verduras, frutas...

- Hay que dejar un espacio de un par de semanas antes de darle al bebé un nuevo alimento para que tenga tiempo de acostumbrarse a su sabor y para garantizar que lo asimila sin dificultades.

- La novedad hay que administrarla durante el día. Nunca en la noche, ya que si le sienta mal será más difícil vigilarle.

- No se hace necesario proponerle al bebé un gran menú. Lo importante es que vaya comiendo cereales, verduras y frutas.

- No hay que ponerle ni sal ni azúcar a los purés y papillas.

- Cuando así lo decida el bebé, hay que dejarle jugar con la cuchara aunque lo ponga todo perdido. Ganará confianza en sí mismo.

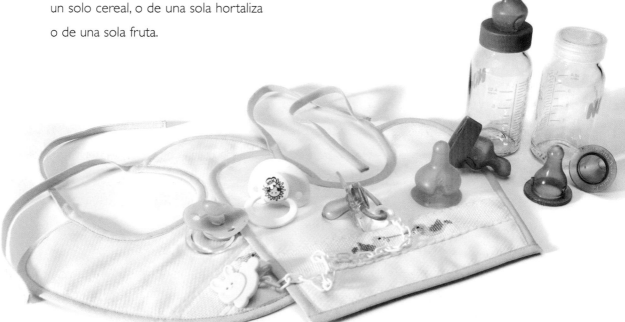

La fruta y las verduras serán los primeros alimentos que se incorporen a la dieta del bebé después de la leche y los cereales.

• No se le puede obligar a comer más de lo que le apetece. Él mismo dirá cuándo está ahíto.

CADA COSA A SU TIEMPO

Es lógico pensar que cuando un bebé acepta con agrado la comida sólida e incluso parece que se ha olvidado de la leche, se piense que ya puede comer de todo. No es así. El aparato digestivo del niño está todavía «en rodaje» y hay que tener un cierto cuidado para no provocarle indigestiones. Por lo pronto hay que decir que tiene que seguir tomando, aproximadamente, medio litro de leche al día y que esa leche será la que indique el pe-

diatra. No es necesario que se tome la leche sola, en ese medio litro está incluida la cantidad que se emplee para elaborar sus papillas.

En las farmacias y comercios especializados se pueden adquirir alimentos para bebés de buena calidad que resultan muy cómodos y prácticos, pero aunque se utilicen este tipo de productos en caso de urgencia, es muy conveniente prepararle en casa los menús tomando como base el que tome la familia al que no se le añade la sazón hasta después de haber separado la porción destinada al niño. De esta manera el bebé también podrá disfrutar de productos de temporada.

COMIENDO SOLO

Hasta los diez o doce meses el bebé se comporta pasivamente durante sus comidas. Espera a que alguien le acerque la cucharita a su boca. Para que se dé cuenta de que la cucharita no es algo que viene fijo a la mano de su madre, es

Cosas que puede comer

• Con seis o siete meses el niño puede tomar cereales sin gluten; verduras y hortalizas tales como patata, zanahoria, acelga o judías verdes; frutas tales como pera, manzana, plátano y naranja; carne de pollo y de ternera.

• A los ocho meses ya se le pueden dar cereales con gluten y yogur natural.

• A los nueve meses aceptará bastante bien el pescado blanco.

• A los diez meses, previa consulta con el pediatra, se le puede empezar a dar yema de huevo cocida junto con el puré.

• A partir del año podrá tomar leche de vaca (aunque puede seguir tomando de fórmula hasta los tres años) y el huevo completo.

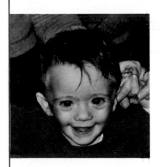

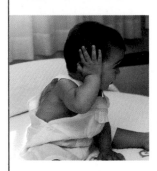

conveniente que otra persona —su padre sería perfecto— ayude en la tarea. De esa manera la cucharita pasará de mano en mano y el bebé, pronto, querrá cogerla él también.

Ver a un bebé tratando de comer solo y poniéndose él mismo y todo lo que le rodea totalmente pringado de comida, es una de las cosas más divertidas. No hay que evitar que esto suceda, más bien hay que provocarle a que lo haga. Es una buena manera de aprendizaje.

Hay que dejar que el niño haga con la cuchara lo que su inspiración le dicte y no reñirle cuando trata de coger la comida con las manos. Es más, hay que animarle a que coja con sus dedos algunos alimentos que se han preparado específicamente para que le resulte fácil cogerlos. Tampoco hay que empeñarse en que siga un orden establecido en cuanto a qué comer primero y qué comer después. Que el orden lo establezca él mismo. Al igual que cuando tomaba sólo leche, no hay que forzarle a comer más de lo que está dispuesto a aceptar. Hay que prepararse para lo peor, es decir, limpiar, limpiar y limpiar cada vez que el bebé coma.

El crecimiento

URANTE SU SEGUNDO SEMESTRE DE VIDA, EL RITMO DE CRECIMIENTO SE HACE MÁS LENTO. INCLUSO SI EL NIÑO HA PASADO POR ALGÚN PROBLEMILLA DE SALUD, PODRÍA HASTA PERDER PESO. PERO ESTO NO SUPONE QUE OCURRA ALGO GRAVE. CUANDO SE ENCUENTRE MEJOR LO GANARÁ RÁPIDAMENTE. LOS GRÁFICOS DE PERCENTIL QUE SE COMPARTEN CON EL PEDIATRA AVISARÁN SI EXISTE ALGUNA ANOMALÍA.

LOS DIENTES

Para el nuevo modelo de alimentación que el bebé necesita en su proceso de crecimiento, la naturaleza le va a dotar de unas extraordinarias herramientas: los dientes.

No hay una edad exacta en la que todos los niños empiecen a lucir una imponente dentadura. A unos les salen pronto y a otros tarde, pero suele ser entre los seis y los nueve meses.

El primer diente que brota es uno de los incisivos medios de abajo. El segundo va a llegar enseguida y será el compañero del primero. Un poco después viene un incisivo medio de arriba que rápidamente se verá acompañado por otro. En un plazo de aproximadamente tres meses, el bebé ya tendrá sus cuatro dientes incisivos de arriba y sus cuatro dientes incisivos de abajo y entonces se toma un respiro. En torno a su primer cumpleaños comenzarán a salirle los molares...

Dentición

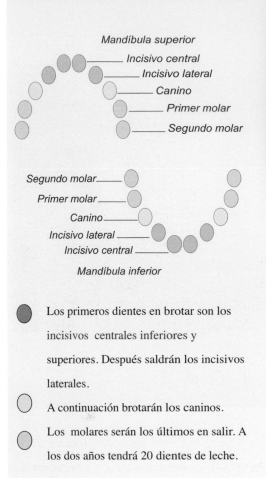

Mandíbula superior

Incisivo central

Incisivo lateral

Canino

Primer molar

Segundo molar

Segundo molar

Primer molar

Canino

Incisivo lateral

Incisivo central

Mandíbula inferior

Los primeros dientes en brotar son los incisivos centrales inferiores y superiores. Después saldrán los incisivos laterales.

A continuación brotarán los caninos.

Los molares serán los últimos en salir. A los dos años tendrá 20 dientes de leche.

El bebé morderá sus deditos y sus manos para sentir alivio.

Durante todo este proceso el bebé se sentirá inquieto, sobre todo si los dientes deciden salir en compañía. El hecho de que dos o tres dientes estén brotando a la vez, cosa que ocurre con bastante frecuencia, no resulta demasiado cómodo. Un bebé que esté pasando por ese trance babeará, tratará de morder todo lo que se pone a su alcance, fundamentalmente sus manos, y llorará. Lo normal es que los síntomas no pasen de ahí, pero si se presentara fiebre o pérdida del apetito, convendría visitar al pediatra para eliminar alguna otra causa.

Poca cosa se puede hacer para paliar las molestias propias de la dentición. De esas pocas cosas, la más eficaz es la de proporcionar al bebé una ración extra de mimos. Otra cosa que le tranquiliza es ofrecerle algo para morder, a ser posible frío. Un trozo de hielo envuelto en un paño es un remedio muy casero. Existen en el mercado unos mordedores rellenos con un gel que se endurece al meterlo en el frigorífico y que suelen consolar al bebé. Algo más íntimo y cariñoso es masajear las encías con los dedos. En cualquier caso hay que ayudar al bebé a pasar el trance de sentir cómo en su boca irrumpen unas piezas duras y un tanto afiladas.

El proceso de la dentición provocará molestias en el bebé que pueden solucionarse ofreciéndole un mordedor.

La higiene

A PARTIR DE ESTA EDAD EL MANTE-
NER LIMPIO AL BEBÉ POR UN LADO
SE HACE MÁS FÁCIL Y POR OTRO
MÁS DIFÍCIL. LO MÁS FÁCIL ES EL, HASTA AHORA
TAN FRECUENTE, CAMBIO DE PAÑALES. LOS BEBÉS, A
PARTIR DE LOS SEIS MESES APROXIMADAMENTE, EM-
PIEZAN A DISMINUIR EL NÚMERO DE SUS DEPOSI-
CIONES. EL CAMBIO DE ALIMENTACIÓN, CUYAS TO-
MAS TAMBIÉN SE ESPACIAN, ES EL ORIGEN DE ESA
DISMINUCIÓN. POR EL CONTRARIO, TAMBIÉN A PAR-
TIR DE ESA EDAD Y YA PARA SIEMPRE, EL BEBÉ SE
MUEVE MÁS, APRENDE A COMER SOLO Y, EN CUAN-
TO PUEDA, PULULARÁ POR FUERA DE SU RECINTO
QUE SE HA MANTENIDO ESCRUPULOSAMENTE LIM-
PIO. ES DECIR, SE ENSUCIARÁ MÁS Y HABRÁ QUE
LIMPIARLE MÁS.

Puede que haya llegado el momento de
bañarle en la bañera familiar y la operación no
deja de tener su dificultad. El niño, contento o in-
feliz con su nuevo método de baño, ya no se
quedará quieto como hasta ahora, dejándose
hacer. Él intervendrá con sus movimientos durante todo el proceso, que se hará más complicado, pero también más divertido. En esta etapa
en que el bebé empieza a jugar y a interesarse
mucho más por los objetos se puede empezar
a poner muñecos y libros de agua en la bañera
para que se entretenga con ellos mientras los
padres le bañan.

Seguramente, el bebé ya tiene pelo y la-
várselo es una de las cosas que en principio,
menos le gustan. Hay que poner especial cuida-

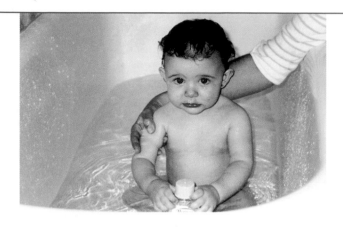

El momento del baño puede suponer un rato muy agradable tanto para el bebé como para sus padres.

do en esta parte del baño diario tomando todas las precauciones posibles para que el agua no chorree por su cara y para que el champú no le entre en los ojos. Si esto le ocurre se irritará sobremanera porque se asustará. Del mismo modo, hay que tomar la precaución de ponerle una crema hidratante por todo el cuerpo tras el baño para evitar que su delicada piel se irrite. Poco a poco le irá cogiendo gusto al baño y tras él se sentirá, además de cómodo, tranquilo y relajado. Por lo demás la higiene del bebé sigue siendo como hasta ahora, necesaria y meticulosa: hay que seguir prestando atención a sus uñas y seguramente habrá que limpiarle la nariz con un aspirador nasal especial para bebés. El baño es uno de los métodos imprescindibles para mantenerle a salvo de gérmenes nocivos, sobre todo si el pequeño va a la guardería, ya que allí puede entrar en contacto con una suciedad que no es «la de casa» y con los gérmenes que traigan otros niños.

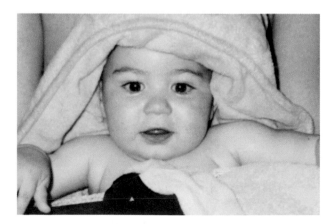

El sueño

LOS PRIMEROS EN DARSE CUENTA DE QUE EN EL BEBÉ SE ESTÁ PRODUCIENDO UN CAMBIO IMPORTANTE SOBRE SUS TIEMPOS DE SUEÑO SON LOS PADRES, QUE DESCANSARÁN UN POCO MÁS POR LAS NOCHES. HASTA APROXIMADAMENTE LOS SEIS MESES DE EDAD, EL BEBÉ HA REPARTIDO SU TIEMPO DE SUEÑO A LO LARGO DE LAS VEINTICUATRO HORAS DEL DÍA. A PARTIR DE AHORA, DORMIRÁ MÁS POR LAS NOCHES Y SE MANTENDRÁ DESPIERTO MÁS TIEMPO DURANTE EL DÍA. DE NOCHE SU SUEÑO TIENE UNA DURACIÓN DE ENTRE DIEZ Y DOCE HORAS Y DURANTE EL DÍA SE ECHARÁ UN PAR DE SIESTECITAS QUE PUEDEN DURAR DESDE VEINTE MINUTOS HASTA DOS HORAS. ESTE NUEVO HÁBITO PUEDE HACER QUE LAS NOCHES SEAN MENOS ACCIDENTADAS, PERO TAMBIÉN VA A CONSEGUIR QUE DU-RANTE LOS DÍAS HAYA QUE REDOBLAR LA ATENCIÓN QUE SE PRESTA AL BEBÉ. LO QUE ESTÁ OCURRIENDO ES QUE EL DESARROLLO ACELERADO DEL CEREBRO DEL BEBÉ REQUIERE MÁS HORAS DE VIGILIA PARA PODER IR COBRANDO LAS EXPERIENCIAS QUE SE IRÁN FIJANDO EN SU INTELIGENCIA.

Con todo esto no queremos decir que el bebé haya dejado de dar problemas relacionados con su sueño. Durante el día, esas dos siestas que conviene asentar en sus hábitos, pueden resultar conflictivas. Lo más seguro es que proteste y se haga notar gritando y chillando. Se siente tan atraído por el mundo exterior, rodeado de personas que le gustan, oyendo el ruido monocorde de la televisión, que arrancarle de

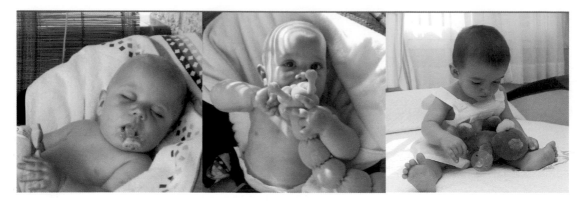

A los bebés les tranquiliza dormir siempre junto al mismo muñeco.

ese ambiente es todo un agravio que se le hace. Además no le gusta estar solo, exige la presencia permanente de su madre para sentirse querido. Por la noche puede ocurrir otro tanto, aunque es más probable que proteste menos, debido al cansancio que ha estado acumulando a lo largo del día.

Es una buena medida inventarse una ceremonia divertida y amorosa para justo antes de meter al bebé en su cuna. Una canción adornada con gestos que él pueda imitar; un baileteo con él en brazos, etc. pueden servir muy bien para asegurarle que es querido aunque se le vaya a obligar a ir a la cama.

Otra buena medida es proporcionarle al niño algún tipo de juguete blando que puede ser desde un peluche hasta una toallita. Es sorprendente lo muy consolado que un bebé se siente acariciando y chupando su mascota inanimada. Hay que animarle a que juegue con ella durante el día y a que le acompañe a la cama cuando toque dormir.

Como se ha dicho antes, las noches suelen ser más tranquilas aunque no todos los bebés actúan de la misma manera. Hay algunos que se despiertan con frecuencia y lo hacen como si estuvieran aterrorizados. Las nuevas experiencias que ya va acumulando a lo largo del día y las pequeñas frustraciones que va sufriendo, hacen que él bebé tenga pesadillas. Hay padres que desesperados ante los continuos sobresaltos de su hijo, tratan de solucionar el problema llevándole a dormir con ellos, en la cama matrimonial. Esto calma al bebé, pero también le acostumbra a esta solución que para él es muy agradable y luego será problemático hacerle dormir en su cuna. Una buena práctica es la de acudir al lado del bebé cuando se despierta y permanecer con él, consolándole, hasta que vuela a dormirse. Otras veces el niño se despierta, pero no atemorizado, sino con ganas de jugar. Lo mejor en ese caso es actuar de la misma manera y con la misma ceremonia que se le hace cuando se le lleva a la cama.

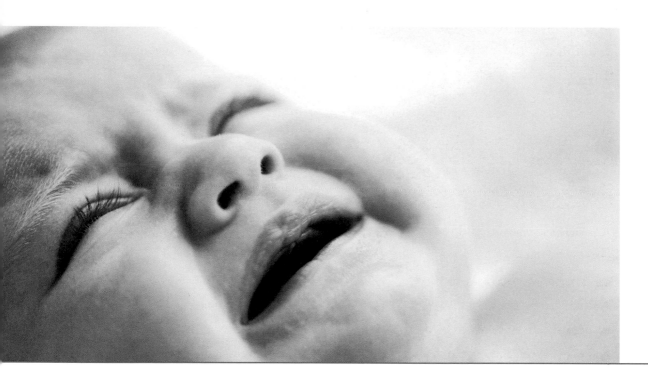

El llanto

N O ES DIFÍCIL DARSE CUENTA DE QUE AHORA EL BEBÉ QUE YA HA CUMPLIDO SUS PRIMEROS SEIS MESES LLORA MENOS DE LO QUE LO HACÍA ANTES. PERO ESE NO ES EL PRINCIPAL CAMBIO QUE SE PRODUCE SOBRE ESTE TEMA. LOS MOTIVOS POR LOS QUE LLORA SON LOS QUE REALMENTE HAN CAMBIADO. LAS COSAS QUE ANTES PROVOCABAN SU DESASOSIEGO Y SU LLANTO, COMO RUIDOS, MOVIMIENTOS BRUSCOS, ETC., EN ESTE MOMENTO SEGURAMENTE LE HARÁN REÍR. AHORA LLORA PORQUE SUS EMOCIONES EMPIEZAN A PASARLE FACTURA.

- La soledad es la primera de ellas. El bebé de más de seis meses necesita la presencia física de su madre o de su padre y ya es capaz de percibir que se encuentra solo cuando las personas de las que más depende han abandonado el cuarto en el que él se encuentra. Llorará de manera muy sentida.

- Dentro del desarrollo general del bebé se incluye también el de sus miedos y, como pasa con los adultos, la mayor parte de esos miedos son singulares para cada caso. Un bebé puede sentirse atemorizado ante un juguete demasiado voluminoso o ante el ruido de un electrodoméstico. Hay que vigilar cuáles son los elementos exteriores que disparan sus temores para tratar de evitarlos.

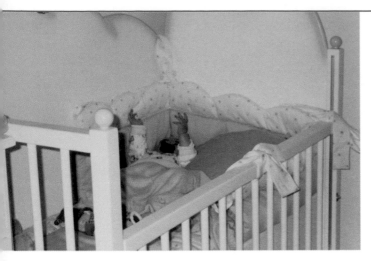

El bebé intentará en todo momento conseguir lo que desea por medio del llanto o por un lenguaje postural. Por ejemplo, extenderá sus bracitos para que le cojan y no le dejen solo en su cuna.

- El quiero y no puedo. A partir de su primer medio año de vida, el bebé siente la necesidad de hacer cosas que en realidad no puede hacer o de tener cosas que no puede conseguir. Esto le produce un sentimiento de impotencia que le hará llorar.

- La rabia o, mejor dicho, la rabieta, que es una fórmula que le va mejor a un bebé de esta edad y que es algo de lo que ninguno se priva. Cuando el bebé siente que puede hacer una cosa y no se le permite hacerlo, llorará de frustración. No dejarle jugar con algo que pueda resultarle peligroso, obligarle a comerse la última cucharada, meterle en la cama sin haberle preparado adecuadamente, etc. suelen ser detonantes de sus más estruendosas rabietas.

- La inquietud producida por estas causas, puede ser minimizada por padres observadores que las identifiquen en su momento y que las remedien antes de que se produzca el llanto.

En algunas ocasiones, el bebé puede sentirse solo o tener miedo. Hace algún tiempo se propagó la falsa creencia de que un bebé que permanecía mucho tiempo en brazos estaba siendo malcriado, lo cierto es que el contacto físico estimula el desarrollo del niño y que muchas veces tranquilizarle en brazos un rato terminará con ese llanto que tanto preocupa a sus padres.

Comenzando a moverse

A PARTIR DE LOS SEIS MESES DE EDAD, UN BEBÉ ES CONSCIENTE DE SU CUERPO Y SE SIENTE MUY A GUSTO DENTRO DE ÉL. MUEVE TODAS SUS EXTREMIDADES CON DESIGUAL DESTREZA. COMIENZA POR CONTROLAR SUS MOVIMIENTOS Y POSTURAS DE ARRIBA A ABAJO. PRIMERO SOSTIENE Y CONTROLA SU CABEZA, LUEGO SUS HOMBROS, BRAZOS Y TRONCO Y POR ÚLTIMO SUS PIERNAS.

SENTARSE

En estos momentos, si se le ayuda, el bebé ya puede permanecer sentado él solito durante algunos segundos y enseguida, aproximadamente a los siete meses, irá controlando sus músculos lo suficiente como para poder mantenerse así durante el tiempo que a él le apetezca y siempre y cuando tenga algún elemento lateral que le sostenga, ya que su equilibrio todavía es muy escaso. Ayudarle a sentarse es una parte muy importante de su aprendizaje. Para él es un juego que le gusta repetir una y otra vez, y con el que los padres seguramente no podrán estar colaborando todo el día que es lo que él quisiera. Dejarle en el suelo, sentado y rodeado por almohadones que le sostengan, es una buena solución. Cuando se caiga de lado al perder el equilibrio, ya se ocupará él de avisar para que se le vuelva a sentar.

Una vez que el bebé ha conseguido dominar la postura de sentado, habrá que empezar a ir pensando en la seguridad porque su tendencia natural será la de moverse. Esto ocurrirá aproxi-

A partir de los cinco meses es normal que los bebés puedan mantenerse sentados. Siempre con vigilancia, se sostendrán muy bien apoyados en la esquina del sofá.

madamente a los nueve meses de edad. Hay algunas precauciones que es necesario tomar:

- No hay que dejar sentado al bebé en lugares altos como sillones o camas. Cuando se siente, que sea en el suelo, así no podrá caerse desde muy alto.
- No se le puede perder de vista durante mucho tiempo aunque esté sentado en el suelo y rodeado por almohadones. Se puede caer hacia un lado, ponerse boca abajo y una vez en esa postura se moverá hacia quién sabe dónde.
- El cochecito con el que se le saca a pasear a veces también ha servido de cuna en la que el bebé se ha echado buenas siestas. Esta práctica hay que descartarla desde ahora. El bebé ya se mueve lo suficiente como para caerse o volcar el cochecito.

- Tanto en el cochecito como en las sillitas especiales para llevar a los bebés en el automóvil tienen que llevar incorporados cinturones de seguridad.

GATEAR

Casi a la vez que consiguen sentarse, la mayoría de los bebés comienzan a gatear, ese avanzar hacia delante que cada uno realiza a su manera. Los hay que avanzan sentados, arrastrando el trasero, con las piernas por delante y empujándose con las manos, otros enseguida consiguen elevar la barriguita del suelo apoyados en las rodillas y en las manos. Hay muchas maneras de gatear y todas le sirven al bebé para acercarse a cualquier cosa que atraiga su atención. Hay que seguir tomando precauciones:

- Retirar de su camino muebles y otros objetos con aristas contra las que se pueda golpear.

Lo mejor para evitar que el bebé meta los dedos en los enchufes al gatear es taparlos con unos protectores de plástico que venden en el mercado.

- Cubrir las tomas de corriente que estén a una altura a la que pueda llegar.
- Hay que protegerle las rodillas. Su piel es todavía muy delicada.
- Hay que tener en cuenta que el gateo es la manera en la que el bebé se acerca a los objetos que quiere coger. No se puede dejar a su alcance alguno que le llame la atención y que pueda herirle.
- No dejar a un bebé solo en una habitación que no se pueda vigilar constantemente, pero tampoco es muy conveniente encerrarle en un corralito.
- No hay que atosigarle tratando de mantenerle limpio. El polvo de una casa adecuadamente limpia y ventilada, difícilmente le causará daño alguno.

PONERSE DE PIE

Sentarse y gatear son dos cosas que el bebé aprende casi a la vez, pero ponerse de pie es

Precauciones en el hogar

- Los muebles poco pesados, sillas pequeñas, banquetas, mesitas, etc. no tienen la consistencia necesaria para sostener al bebé que se apoya en ellas. Pueden deslizarse por el empuje del pequeño y dar con él en el suelo.
- Hay que tener cuidado con todo aquello que pueda presentar aristas a la altura de la cabeza del bebé y apartarlo de su camino.
- Mientras esté en casa, no hay que ponerle zapatos, basta con unos calcetines con suela antideslizante.
- Un hábito bastante extendido es el de hacer que el bebé camine sosteniéndole por sus manos y haciendo que recorra lo que para él son espacios demasiado abiertos. Al bebé ésto no le gusta. Prefiere ir bordeando y agarrándose a objetos que sean firmes y no se muevan.
- No hay que meter prisa a un bebé para que camine cuanto antes. El aprendizaje de caminar es un tema que depende tan solo de él.

algo que requiere bastante más tiempo. Normalmente, hasta los ocho o nueve meses no lo hará con facilidad. Lo que sí hace desde los seis o siete meses es aprender a mover los pies como si caminara. Si se sujeta a un bebé por las

Al principio, el bebé se pondrá de pie agarrándose a los barrotes de la cuna u otros objetos y sólo será capaz de permanecer sin caerse apoyado en ellos.

axilas y se le apoyan los pies sobre las rodillas de un adulto, comenzará a poner un pie detrás del otro. Todavía no puede soportar todo su peso, pero ya endurece las piernas y empuja con ellas la superficie sobre la que se le ha levantado.

Cuando sus músculos estén preparados para sujetarle, el bebé se ayudará con sus manos para auparse y mantenerse de pie sujeto a una silla, por ejemplo. Cuando ha aprendido este movimiento, el bebé gateará hasta la silla que sabe que le servirá de apoyo para ponerse de pie, aunque no podrá abandonar ese apoyo. Incluso no será capaz de sentarse otra vez por sí mismo.

Al cabo de pocas semanas, el bebé se atreverá a soltarse de su apoyo y echará un pie por delante del otro. Al separar las piernas se sentará y disfrutará de su primer paso. Esa es la manera en la que los bebés aprenden a sostenerse sobre sus dos piernas y a caminar. Se le puede ayudar llamándole desde muy cerca, a la distancia que se puede cubrir con los brazos extendidos. Él acudirá a la llamada evidentemente divertido.

Con un bebé que camine por sí solo, las precauciones siempre son pocas.

Bien, el bebé ya camina. Ahora toca prepararse para estar todo el día tras él tratando de que no se meta en líos. Se caerá muchas veces y llorará cuando no consiga llegar hasta donde él quiere. Todo normal, aunque un poco agitado.

En esta secuencia se pueden observar perfectamente los movimientos que el bebé irá dominando en progresión hasta conseguir ponerse de pie e incluso dar su primer paso.

El lenguaje

Estamos ante una etapa en la vida del bebé, su segundo semestre, que es fundamental en el aprendizaje del lenguaje. A los padres, con razón, les encanta escuchar a su bebé las palabras «ma-ma» y «pa-pa» y hacen todo lo posible para pronunciarlas como si ellos mismos fuesen bebés. De esa manera el bebé aprenderá de la misma forma que lo hacen los loros, por imitación. Es mucho más importante hablarle en el tono habitual y hacerlo empleando una gran variedad de palabras simples. El bebé irá relacionando sonidos con objetos y situaciones.

Hacia los seis meses de edad, quizás un poco antes, el bebé emite sonidos articulados en palabras monosílabas formadas por una consonante fuerte y una vocal abierta. Son sonidos un poco explosivos con los que el bebé parece sorprenderse mucho. En realidad lo que está haciendo es preparar su aparato vocal. Además el bebé comienza a reconocer sonidos de llamada y busca con la mirada hacia el lugar desde el que están llamando su atención. Hacia los siete meses comenzará a emitir sonidos, casi palabras de dos sílabas, a las cuales da una mayor intencionalidad. Es un buen momento para mantener largas conversaciones con él. El bebé permanecerá atento a lo que se le dice, esperará a que termine su interlocutor y responderá a su vez con una parrafada de palabras

irreconocibles. El mecanismo del lenguaje ya está empezando a funcionar en su cerebro.

Un poco más adelante, hacia el octavo mes de su vida, el bebé prestará mucha atención a las conversaciones de los adultos aunque no estén dirigidas a él y en algunas ocasiones sorprenderá al tratar de meter baza en ellas con sus palabras y su lenguaje corporal. El lenguaje corporal, basado en gestos y en actitudes, es el primero que desarrolla el bebé y es sorprendente lo relativamente fácil que le resulta a una madre entender lo que el bebé quiere decirle.

Hacia el décimo mes, el bebé consigue pronunciar la primera palabra de su vida. Será una palabra con intención y significado. Puede ser «tete» refiriéndose a su chupete o «mami» refiriéndose a su madre.

Pronto, en torno a su primer cumpleaños, el bebé habrá adjudicado una palabra concreta para referirse a un objeto concreto y sólo a ese. Este es el momento de prestarle toda la ayuda posible para que él vaya adquiriendo el lenguaje que le acompañará a lo largo de su vida:

- Hay que hablar directamente al bebé. A él le resulta muy difícil extraer por sí solo las palabras de una conversación general.
- Lo ideal es que sea una sola persona la que le hable con la intención de ayudarle a adquirir palabras.
- Hay que hablar con él sobre objetos que estén presentes en la escena: biberón, chupete, zapato, etc.
- Un poco más adelante será muy útil mostrarle dibujos coloreados mientras se le repite la palabra que los define.
- Hay que relacionar determinados gestos, exagerados, con determinadas palabras.
- Hay que hacer el esfuerzo de tratar de entender las palabras del bebé. Cada vez que se consigue y se le da una respuesta, se refuerza la confianza en sí mismo y le motivará para que se lance a la búsqueda de nuevas palabras.

SU CUERPO	SU MENTE
 ❏ Es capaz de mantenerse sentado, pero apoyándose en las manos para no caerse hacia delante. ❏ Usa las dos manos y puede coger, a la vez, un objeto con cada una de ellas. ❏ Si se le pone en el suelo se arrastrará.	❏ Coge todo aquello que le interesa o que le llama la atención. ❏ Cerrará la boca para no comer lo que no le gusta. ❏ Lo tocará todo para reconocerlo. 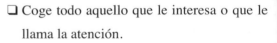

SU CUERPO	SU MENTE
❏ Empieza a morder. ❏ Se mantiene durante mucho tiempo sentado. ❏ Se arrastra hacia los objetos que le interesan. 	❏ Se siente atraído por los objetos que puede coger. Como son pequeños hay que tomar toda serie de precauciones. ❏ Le gusta lanzar cosas y se divierte con el ruido que hacen al caer. 

SU ACTITUD	¿Qué hacer?
❑ Cuando se despierta en medio de una siesta o en la mitad de la noche y no oye ni ve nada que le moleste, se queda tranquilo. Si oye una conversación, algún ruido y puede ver a alguien, llorará para llamar la atención. ❑ Comienza a emitir palabras monosílabas.	✔ Hablarle, cantarle, recitarle versos sencillos o contarle cuentos estimulará su lenguaje. ✔ Ofrecerle juguetes de colores que tengan diferentes texturas para que pueda experimentar el tacto y el volumen. ✔ Sentarle en una silla alta (trona) para comer.

SU ACTITUD	¿Qué hacer?
❑ Le asustan las personas y las situaciones que le son desconocidas. ❑ Se siente muy intrigado ante la presencia de otros niños. ❑ Llora cuando sus padres y allegados le dejan solo y se tranquiliza en su presencia.	✔ Enseñarle libros con dibujos y comentarlos con él para que aprenda a relacionar las palabras con los conceptos. ✔ Hablarle a menudo y esperar su contestación para ampliar sus posibilidades de comunicación con los demás y su psicomotricidad. ✔ Enseñarle gestos sencillos como decir adiós o aplaudir. ✔ Tener conversaciones con él.

SU CUERPO	SU MENTE

❏ Se mantiene de pie, pero apoyado en algún mueble.

❏ Utiliza sus dedos pulgar e índice para coger objetos pequeños.

❏ Empieza a manipular lo que tiene en las manos usando las dos a la vez.

❏ Es capaz de reconocer su nombre cuando le llaman y el de aquellas personas que le son más cercanas.

❏ Demuestra su alegría cuando va a hacer algo que le satisface, como por ejemplo, salir a dar un paseo.

SU CUERPO	SU MENTE

❏ Busca y descubre cosas que están ocultas, sobre todo sus juguetes, de forma claramente intencionada.

❏ Empieza a tener la noción del espacio que ocupa. Comprende lo que está dentro y lo que está fuera; cerca y lejos; aquí o allí...

❏ Recorre toda la casa gateando.

❏ Siente gran curiosidad por los objetos que le son desconocidos y, si puede, los coge.

❏ Él solito se pone de pie en la cuna apoyándose en los barrotes.

SU ACTITUD	¿Qué hacer?
❑ Ya articula palabras de dos sílabas. ❑ Señala con sus brazos aquello que quiere que le den y los extiende para que le cojan. ❑ Hace gestos explícitos pero simples como aplaudir o decir adiós. 	✔ Animarle para que repita las palabras que ya consigue articular. ✔ Dejarle jugar en el suelo. ✔ Hablarle y cantarle, animándole para que él también lo haga. ✔ Sacarle frecuentemente de paseo para estimular sus sentidos. Si el bebé no consigue mantenerse sentado, no toca ni coge cosas o no emite sonidos, es conveniente consultar al pediatra.

SU ACTITUD	¿Qué hacer?
❑ Reconoce el sonido y entiende perfectamente el sentido de la palabra «no». ❑ Entiende también los imperativos: «come», «toma», «deja», etc. ❑ Imita los sonidos que oye. ❑ Demuestra su cariño apretando y frotando su cara con la de la persona a la que quiere. 	✔ Esconder objetos y jugar con él a descubrirlos. ✔ En casa como mejor está es sin zapatos pero con calcetines de suela antideslizante para poder dar pasos sin tener frío. ✔ Hablarle haciendo referencia a los objetos con los que está jugando y a otros que le sean familiares. ✔ Hay que ayudarle a que descubra cosas. ✔ Proporcionarle juguetes que se puedan reunir formando cosas o que se encajen o apilen entre sí.

SU CUERPO	SU MENTE
 ❑ Le encanta comer él solito, sobre todo con los dedos. ❑ Ya hay muchas cosas que no se lleva a la boca.	❑ Tratará de imitar cualquier mueca que se le haga. ❑ Entiende perfectamente aquellas palabras simples que le mandan hacer algo, como por ejemplo «dame». 

SU CUERPO	SU MENTE
❑ Ya es capaz de andar sobre sus dos piernas apoyándose en los muebles. ❑ Se siente muy interesado en meter algunos objetos dentro de otros. 	❑ Es capaz de abrir cajones y puertas bajas. Atención con eso. ❑ Expresa sus emociones de forma reconocible y explícita. ❑ Lanza besos. 

SU ACTITUD	¿Qué hacer?
❑ Le gusta pedir cosas, extendiendo su mano, y devolverlas cuando se le vuelven a pedir. ❑ Reacciona coherentemente ante permisos y prohibiciones. ❑ Reacciona ante preguntas del estilo «¿dónde está mamá?». La buscará primero con la mirada y luego se acercará a ella. 	✔ Ofrecerle para que coma pequeños trocitos de alimentos sólidos, pero no especialmente duros, como jamón dulce, fruta, bizcochos... El pediatra aconsejará cuáles son los alimentos que puede comer o no. ✔ Jugar con él a las imitaciones. ✔ Seguir hablándole y cantándole. 

SU ACTITUD	¿Qué hacer?
❑ Es capaz de pronunciar unas pocas palabras que ya son reconocibles. ❑ Aunque entiende las prohibiciones, es frecuente que las desobedezca conscientemente tratando de marcar su territorio. ❑ Cuando se le premia por algo que ha hecho bien o que ha hecho gracia, lo repite. 	✔ Intercambiar cosas con él. Tú me das una cosa a mí, yo te doy una cosa a ti. ✔ Hacer que hable y que imite actitudes y sonidos. Si no se interesa por juguetes nuevos, no se comunica con los adultos que le son más cercanos o no se mantiene de pie, es conveniente consultar con el pediatra.

el bebé

de 12 a 24 meses

Su segundo año

A partir de su primer año de vida, el bebé conserva de su condición de bebé la dependencia emocional de sus padres. Los necesita imperativamente para amarlos y para sentirse amado por ellos, pero en cambio, al iniciar su período de niñez, comenzará a desarrollar el sentido de su propia independencia y entonces no estará demasiado bien dispuesto a comprar a cualquier precio ese amor. Es el inicio del territorio en el que se desarrollan los conflictos. Si a un niño de esta edad, en su primer año de vida, se le sigue tratando como a un bebé desprovisto de toda iniciativa, se comportará como un rebelde. Si se le trata como a un niño mayor, recurrirá a los lloros y a las quejas para obligar a sus padres a que estén pendientes de él. Para ellos empieza la época de las negociaciones.

Esta actitud del bebé grande que se está convirtiendo en un niño pequeño, depende de sus todavía confusos procesos mentales que están en formación. La memoria de un niño de esta edad es capaz de retener conceptos de gran formato: personas, sobre todo las que le son más cercanas, sitios, por ejemplo su cuarto o el parque al que le llevan a pasear, colores, muchas palabras... pero todavía no consigue fijar los pequeños detalles: es decir, se acuerda de la persona que aparece en una foto y sabe identificarla, pero no recuerda qué ropa lleva puesta o qué otros objetos aparecen en la foto. Esto hace de él un explorador arriesgado, ya que tratará una y otra vez de hacer algo que le puede resultar peligroso, como subir una escalera o acercarse excesivamente al calefactor. Esta memoria todavía inmadura consigue aprender cada vez más palabras, pero en muchas ocasiones no retiene el significado final de ellas y sobre todo no significan, aún, ninguna toma de compromiso. Eso hace que a veces los padres se inquieten por lo que parecería una mentira del niño y que todo lo más es una inexactitud.

En busca de esa independencia a la que tendrá que llegar por imperativo de su proceso de evolución, el niño pequeño presentará batallas que se empeñará en ganar. Querrá comer una cosa y no otra, cogerá un cenicero en vez de su juguete, berreará antes de irse a la cama... Una buena actitud por parte de los padres es la de no acudir al enfrentamiento y, observando a fondo al niño, anticiparse a sus pasos y proponerle alternativas. La independencia es solamente su manera de autoafirmar su personalidad, de manera que está desafiando a sus padres para conocer sus propios límites. Es el momento de marcarle unas pautas de conducta para que aprenda qué está bien y qué está mal, lo que no será fácil: habrá que repetirle una y otra vez la prohibición de hacer algo hasta que lo entienda y ser muy cuidadosos para no darle órdenes contra-

dictorias ni aplicarle castigos desproporcionados. Lo mejor es que tanto el padre como la madre establezcan claramente unas cuantas normas básicas de disciplina y que siempre actúen igual. Cuando el bebé haga bien las cosas habrá que darle refuerzos positivos, alabarle y demostrarle lo contentos que están sus padres con él, así se sentirá querido y valorado.

Pero no todo en esta etapa serán rabietas y luchas por el control. El bebé inicia un año mágico en el que empezará a jugar con sus padres y con los otros niños de un modo mucho más cooperativo. Ahora los padres tendrán el verdadero placer de conversar con su hijo. Verán cómo aprende a toda velocidad casi cualquier cosa que se le enseñe y cómo su referencia constante son precisamente ellos, sus padres.

Es un momento único para ser testigo de su crecimiento intelectual y personal porque al final de esta etapa podrá comprender conceptos abstractos, emitir juicios y agrupar las cosas en categorías. Desarrollará su propia forma de ser y la defenderá tratando de tomar sus propias decisiones.

Es el momento de que los papás le den la autonomía que pide, pero siempre situándose ante él como el apoyo constante que necesita para desarrollarse.

Alimentación

AL EMPEZAR SU SEGUNDO AÑO DE VIDA, EL NIÑO PEQUEÑO YA ESTÁ PREPARADO PARA COMER LOS MISMOS ALIMENTOS QUE EL RESTO DE LA FAMILIA AUNQUE CON ALGUNAS PRECAUCIONES EN LA PREPARACIÓN. TAMBIÉN PUEDE YA HACER LAS COMIDAS IMPORTANTES DEL DÍA A LAS MISMAS HORAS QUE TODOS.

Si el menú familiar requiere de condimentos fuertes, mucho ajo, picante o alguna salsa fuerte, bastará con separar la porción dedicada al niño antes de añadir esos condimentos. Una vez en la mesa, habrá que cortarle los alimentos en trozos más pequeños.

Desayuno, comida y cena pueden ser administradas al niño tratadas de esa manera, pero habrá que proporcionarle un par de comidas ligeras más. Una a media mañana y otra a media tarde. Tanto para él como para el resto de la familia una buena alimentación es la que se basa en el consumo de alimentos frescos. Los productos industriales suelen contener conservantes, saborizantes y colorantes que, aunque están fuertemente controlados por las autoridades, pueden no ofrecer todo el valor nutritivo que ofrecen los alimentos frescos. Consumir productos industriales de vez en cuando no produce ningún mal a nadie, pero basar en ellos toda la alimentación no es lo más idóneo.

Proporcionarle al niño una buena alimentación que asegure su crecimiento saludable es darle una dieta equilibrada, es decir, un conjunto de alimentos que contengan los nutrientes y las vitaminas que necesita.

LOS HIDRATOS DE CARBONO

Es a través de ellos como se adquiere casi toda la energía. El más puro de todos es el azúcar pero también están contenidos en los cereales como el arroz o el trigo, y en los tubérculos, como la patata. Con estos elementos se pueden elaborar una gran cantidad de platos entre los que el niño encontrará, seguro, alguno que realmente le guste.

LAS PROTEÍNAS

Son las responsables de la formación de la masa muscular. Las proteínas, que están compuestas por una serie de aminoácidos, tienen dos orígenes distintos. Las proteínas de origen animal están presentes en la carne, el pescado, los huevos, la leche y sus derivados. Las proteínas de origen vegetal están contenidas en el pan, las patatas, las legumbres y los frutos secos. Un niño puede rechazar los huevos, pero seguramente le gustará el pescado o la carne.

LAS GRASAS

En la actualidad se trata de consumir la menor cantidad posible de grasas animales por su relación con el colesterol y las dolencias cardíacas. Un niño pequeño puede obtener los ácidos grasos que necesita a través de la leche, que debe consumir entera, no desnatada. También se le pueden administrar otros productos de procedencia láctea, como el yogur o el queso.

EL CALCIO

El crecimiento continuo de los huesos del niño requiere una cantidad apropiada de calcio. El pan y los cereales contienen calcio, pero no es suficiente para las exigencias del crecimiento. Medio litro diario de leche proporciona al niño todo el calcio que necesita. No hace falta que ese medio litro sea ingerido en su estado original, que puede no gustarle, será mejor «camu-

Es preferible que coman la fruta fresca y madura, y al menos dos piezas al día.

• Vitamina A

Leche, mantequilla e hígado son los principales portadores de vitamina A. La zanahoria proporciona caróteno a partir del cual el organismo produce su propia vitamina A.

• Vitamina D

Esta vitamina sólo se encuentra concentrada en la yema de los huevos y en los pescados grasos.

• Vitamina C

Está presente en cantidad suficiente en las frutas y en las verduras, pero tienen que ser consumidas frescas, ya que la vitamina C se destruye con la luz y el calor. Un zumo de fruta exprimido dos o tres horas antes de ser consumido habrá perdido más de la mitad de su contenido en vitamina C.

flarlo» con cacao o tomarlo en forma de yogur. También se pueden preparar con leche platos que sí le gusten. Una sopa cremosa, o unas natillas son formas apetecibles para que el niño consuma su medio litro de leche al día. Se puede probar con el queso que además de calcio contiene proteínas.

LAS VITAMINAS

Casi todas las vitaminas que necesita el niño están presentes en su alimentación. Sin embargo, a veces, el pediatra recomienda administrarle dosis extra. Las vitaminas más necesarias son las siguientes: A, D y C.

La mejor manera de conseguir que al niño le apetezcan aquellos platos que componen su dieta equilibrada, es precisamente sentarle en la mesa con la familia y prestarle la misma o más atención que al resto de los comensales. Si se le ofrecen alimentos con el mismo aspecto que tienen los que comen los mayores, se sentirá feliz y no rechazará nada, a no ser que haya realmente algún plato en concreto

que le desagrade profundamente. En este caso habrá que sustituir ese plato por otro que contenga los mismos nutrientes.

Los dientes

Durante el primer año de su vida, al niño le seguirán brotando dientes y los que le salen ahora, los premolares, son los más difíciles de sacar. Ahora el niño tendrá seguramente más molestias que cuando le salieron los primeros. Esos problemas no durarán más allá de un par de días con cada diente y es poco lo que se puede hacer para aliviarle. Aun así se pueden tomar una serie de medidas que ayudarán al niño en ese trance.

- Morder alguna cosa que esté fría parece que alivia al niño. Darle a morder una zanahoria pelada y enfriada puede ser una buena idea.

- Frotarle la encía con el dedo incluso usando algún producto especial para la dentición.

- El frío agrava los síntomas, así que en invierno no conviene sacar al niño a la calle mientras le esté saliendo un diente y si no queda otro remedio, tápele la boquita con una bufanda.

EL CUIDADO DE LOS DIENTES

Aunque sean dientes de leche, hay que cepillárselos por lo menos dos veces al día, y para que se deje, cosa nada fácil, hay que permitirle que él mismo trate de utilizar el cepillo y la crema dental específicas para niños. Se trata de eli-

El cepillado

El cepillado de los dientes al menos tres veces al día o después de cada comida se debe enseñar desde ahora. Al principio, para el niño será un juego más de imitación del adulto, pero pronto pasará a convertirse en costumbre.

Cuando los dientes están brotando se pueden estimular las encías frotándolas suavemente. Una vez que han aparecido los dientes de leche, comenzarán a cuidarse con una higiene similar a la de los adultos, pero siempre teniendo en cuenta que al principio se tratará más de educar al pequeño en un hábito de limpieza saludable que de limpiarse los dientes realmente.

Es conveniente llevar al niño por primera vez a una revisión odontológica cuando ya tenga los veinte dientes de leche.

No obstante la mejor medida profiláctica siempre será cuidar que su alimentación sea sana y equilibrada y que tome pocos dulces (sobre todo de las llamadas «chuches»), unido a una correcta higiene bucal.

minar todos los restos de comida que hayan podido quedar entre ellos para evitar procesos de caries.

Los dulces no son nada convenientes para los dientes. Lo ideal sería que el niño no los comiera hasta haber cumplido los dos años. Si eso no se consigue porque la oferta es mucha, habrá que seleccionar muy bien el tipo de dulce que se le administra al niño. Hay que tratar de que el tránsito del dulce por la boca sea lo más corto posible. No es recomendable comer algo que haya que chupar durante mucho tiempo ni tampoco los dulces elaborados con azúcar refinada que es la que más ataca el esmalte de los dientes. Los dulces más idóneos son el chocolate y los postres cremosos.

El arreglo diario

L A NUEVA LIBERTAD QUE DISFRUTAN DES-
DE QUE SON CAPACES DE IR DE UN SITIO
PARA OTRO, ARRASTRÁNDOSE, GATEAN-
DO O CAMINANDO, HACE QUE LOS NIÑOS SEAN
CONSIDERABLEMENTE SUCIOS. AL FINAL DE UN DÍA
SU ROPA Y ÉL MISMO ESTARÁN EN UN ESTADO TAL
QUE SE HACE DIFÍCIL PENSAR QUE SE LE HA PUESTO
LIMPIO AL LEVANTARLE. PARA VERLO BIEN PEINADO,
BIEN VESTIDO Y CASI RELUCIENTE, SÓLO HAY DOS MI-
NUTOS: LOS INMEDIATAMENTE SIGUIENTES A HABER-
LE LAVADO Y VESTIDO.

Existen en el mercado infinidad de productos que

cuidan, protegen y miman la piel del niño… por

mucho que se muevan y ensucien.

EL BAÑO

El mejor momento para el baño es por la noche. Así se le puede quitar toda la suciedad que
ha ido almacenando a lo largo del día. A esta
edad ya no hace falta sostener al niño en la bañera. Él puede quedarse sentado en ella y jugar

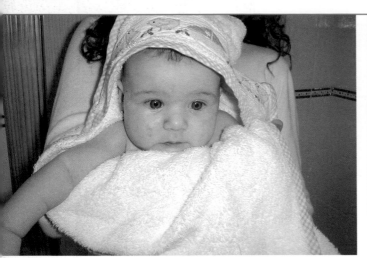

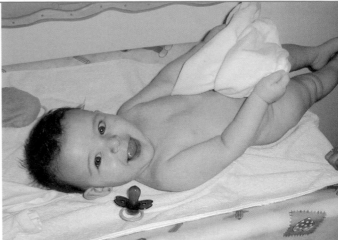

mientras se va limpiando. Lo que no se puede hacer es dejarle solo. Puede hacer muchas cosas inconvenientes: levantarse y escurrirse, abrir el grifo del agua caliente, comerse el jabón, etc. Hay que dejarle que disfrute del baño pero con mil ojos puestos en él. Casi todos los niños disfrutan muchísimo del baño pero hay algunos que se asustan, quizás por el tamaño de la bañera, en cuyo caso a lo mejor es conveniente bañarlos en un recipiente más pequeño.

El sistema para que el niño disfrute es el de meterle en el agua y dejarle que juegue un poco. Luego se le va enjabonando, cosa que puede no agradarle, se le lava la cabeza, lo que no le gusta nada, y tras enjuagarle se le deja jugar con sus juguetes favoritos un ratito más, hasta que el agua comience a enfriarse.

LAS MANOS Y LAS UÑAS

Si el baño tiene un momento preciso en el día, el lavarse las manos debe tener numerosos momentos. Las manos son la parte más expuesta a

la suciedad y pueden ser un foco de infecciones. Hay que lavarle las manos antes de cada comida, cuando haya estado en el orinal o cuando haya ayudado a cambiarse el pañal, y hay que enseñarle a que se las lave él solito por muchos estropicios que cause en el cuarto de baño. La manera más eficaz de enseñar a un niño a lavarse las manos es la de enjabonarse el adulto sus propias manos y coger las del niño entre las suyas, frotándolas y lavándolas mientras se le explica la operación. Luego hay que animarle a que él repita la operación. En muy poco tiempo el mismo niño irá a lavarse las manos cada vez que se las note sucias y pringosas y esto puede ocurrir muchas veces al día.

Siempre hay que secar al niño lo más deprisa posible para evitar que se resfríe y hacerlo además sin dejar pliegues de humedad para evitar escoceduras y hongos.

A casi ningún niño le gusta que le corten las uñas, pero hay que hacerlo para mantener su higiene. La mejor manera es inventarse un juego en el que el niño intervenga eligiendo, por ejemplo, qué dedo tiene que ser el primero en someterse a la tijera. Las uñas deben permanecer cortas pero no demasiado, sobresaliendo un poco del dedo.

EL VESTIDO

Quitarle y ponerle la ropa a un niño no tiene nada que ver con hacerlo con un bebé. El bebé se está moderadamente quieto y se deja hacer. El niño pondrá toda la resistencia posible. Para que el momento de vestirle o desnudarle no se convierta en una batalla campal, hay que ganarse su colaboración. Que él se quite un zapato mientras se le quita el otro, que se desabotone la parte superior del jersey mientras le desabotonamos la parte inferior... y felicitándole siempre por lo bien que lo está haciendo.

La ropa de los niños debe ser de algodón 100% transpirable y fácil de lavar. Además es conveniente que tenga botones fáciles de poner y quitar para que pueda empezar a vestirse solo.

LOS PAÑALES

Para cambiarle el pañal a un bebé, se le tomaba delicadamente, se le ponía sobre el cambiador y se le cambiaba el pañal. Al niño, lo primero que hay que hacer es capturarlo, llevarle hasta el lugar en el que se le va a cambiar y tratar de ponerle boca arriba. Él no ayudará nada. Tratará de volverse, se cogerá los pies empeñándose en mordérselos y pondrá las cosas muy difíciles. Para ganarle la partida hay que recurrir a maniobras de distracción. Un buen sistema es darle algo que él tenga que sostener con sus manos y aprovechar ese tiempo para quitarle el pañal sucio y ponerle el limpio... si es que le da tiempo. A veces no hay más remedio que sujetarle firmemente con las piernas mientras que con las manos se le cambia el pañal lo más rápidamente posible.

LA ROPA

Parece mentira, pero a esta edad el niño ya tiene preferencias sobre la ropa que se va a poner. No vale la pena entablar una discusión siempre

y cuando la ropa que él elija sea la apropiada para la temporada o para la actividad.

La ropa del niño debe ser cómoda y resistente. Su misión fundamental es la de abrigarle y protegerle. La elegancia es un concepto que todavía no debe intervenir demasiado en la decisión de qué comprarle y qué ponerle. Los pantalones largos son ideales tanto para niños como para niñas durante el tiempo en que gateen o caminen cayéndose constantemente al suelo. Cuando empiecen a utilizar el orinal son preferibles los pantalones de cintura elástica a los petos que por otra parte dejan algunos «huecos fríos». Es conveniente evitar jerseys gruesos de cuello alto. Es preferible, para abrigarle, ponerle dos jerseys ligeros.

EL CALZADO

Mientras no tenga que salir a la calle, no es conveniente ponerles zapatos a los niños. Mantienen mejor el equilibrio sin ellos, ya que usan sus dedos para asegurarse. Para abrigarles los pies, son muy convenientes los calcetines de lana con suela antideslizante. Un calcetín normal, sobre suelo duro, se convierte en un patinete.

Comprarle zapatos a un niño es asunto bastante delicado. Él no sabe decir si le están cortos o le aprietan. Sus pies son todavía tan flexibles que pueden no sentir dolor alguno aunque el zapato sea pequeño. En las zapaterías especializadas se mide el largo y el ancho del pie del niño antes de recomendarle unos zapatos que deben ajustar bien sin oprimir.

Empezando a controlar

A ESTAS ALTURAS DE SU VIDA EL NIÑO YA HA ADQUIRIDO UN HORARIO MÁS O MENOS REGULAR DE HACER SUS «PISES» Y SUS «CAQUITAS» QUE NORMALMENTE SUELE ESTAR RELACIONADO CON LAS COMIDAS. CONVIENE ESTUDIAR ESE HORARIO PARA COMENZAR A ENSEÑARLE A CONTROLAR SU FISIOLOGÍA. NO BASTA CON SENTARLE EN EL ORINAL EN CUALQUIER MOMENTO. HABRÁ QUE HACER COINCIDIR LA SESIÓN DE ORINAL CON EL HORARIO QUE PREVIAMENTE SE HABRÁ DETECTADO, PERO NO HAY QUE HACERLE PERMANECER AHÍ SENTADO MÁS TIEMPO DE LO QUE ÉL ESTÁ DISPUESTO A PERDER EN TAN POCO DIVERTIDA SITUACIÓN. NO SE TRATA DE ENTRENAR AL NIÑO, SINO DE HACERLE NOTAR QUE CUANDO SU BARRIGUITA LE PIDE UN DESAHOGO, ALLÍ HAY UN SITIO EN EL QUE SENTARSE.

Si se hace con tranquilidad y sin agobios, el niño pronto se acostumbrará a sentarse en el orinal como lo haría en cualquier otro sitio, pero si se le fuerza a hacerlo y se le sienta varias veces al día no se conseguirá gran cosa, porque en realidad el niño hasta bien entrado su tercer año, no está preparado para hace sus necesidades en un lugar distinto a su pañal. Esto es así porque el niño no sabe cuándo ni cómo hacer sus deposiciones. Simplemente las hace. Lo que en esta etapa se consigue al sentarle en el orinal es que él se dé cuenta de que está ahí, aunque no sepa para qué.

Cuando finalmente el niño entiende que sus necesidades fisiológicas tiene que consumarlas en un sitio aparte, cosa que ocurre con tres años ya cumplidos, tratará de que ese sitio sea el mismo que utilizan los adultos, o sea, el retrete, pero su tamaño no le permite hacerlo. Un orinal cuya forma recuerde a la de los inodoros será mejor aceptado por el niño. Tiene que ser firme para que no se pueda volcar ni resbale por el suelo y debe permitir que el niño se levante con facilidad. Por supuesto que también tiene que ser fácil de limpiar.

El orinal es un objeto para nada banal. De su buena aceptación por parte del niño depende una parte importante de su autocontrol. Hay algunas normas que conviene respetar.

- No se puede obligar a un niño a sentarse en el orinal sin permitir que se levante.

- Ni se debe aplaudir a un niño cuando utiliza adecuadamente el orinal, ni se le puede regañar cuando no lo hace. El niño debe sentir que el orinal es un elemento más de su normalidad.

- No hay que entrometerse en la pauta intestinal de un niño. A no ser que explícitamente lo recomiende el pediatra no conviene administrarle laxantes o supositorios.

- La aversión por los excrementos es un asunto de adultos. Para el niño no es así. Es algo que ha producido él y siente curiosidad. No hay que mostrar repugnancia aunque el niño en alguna ocasión juegue con sus propias «caquitas». Por supuesto tampoco hay que animarle a que lo haga.

Además de los orinales, existen en el mercado adaptadores para disminuir el tamaño de la taza del inodoro, aunque presentará el inconveniente de que el niño necesitará de la ayuda de un adulto para sentarse a esa altura.

El sueño

LA GRAN DIFERENCIA ENTRE EL SUEÑO DE UN BEBÉ Y EL DE UN NIÑO ES QUE EN EL CASO DEL BEBÉ ES PRÁCTICAMENTE INVOLUNTARIO. UN BEBÉ DUERME CUANDO TIENE NECESIDAD DE DORMIR Y AUNQUE QUISIERA NO PODRÍA RESISTIRSE. UN NIÑO SÍ QUE SE RESISTE Y PUEDE PERMANECER DESPIERTO VOLUNTARIAMENTE.

Son diez o doce las horas de sueño de un niño. La mayor parte las hace por la noche, aunque frecuentemente no de un tirón, y después suele dormir un par de siestas a lo largo del día. Lo que pasa es que rápidamente las dos siestas serán demasiadas y una será insuficiente. Si sólo duerme una, le veremos andar semidormido de aquí para allá pero resistiéndose a dormir. Hasta dentro de un año, cuando haya cumplido tres, esta situación no se normalizará. Como quiera que el niño de esta edad desarrolla una enorme actividad tanto física como intelectual, se cansa muchísimo pero él es incapaz de prevenir el cansancio y como ahora ya no es un bebé no consigue dormirse automáticamente.

Un niño que se balancea de un lado para otro es un niño cansado. Cansado de revolcarse, gatear y correr, pero cansado también por el esfuerzo que tiene que hacer tratando de comprender el mundo que le rodea. Hay que procurar que ese niño descanse.

Ahora no quiere dormir a cualquier hora, por lo que habrá que encontrar un sistema para

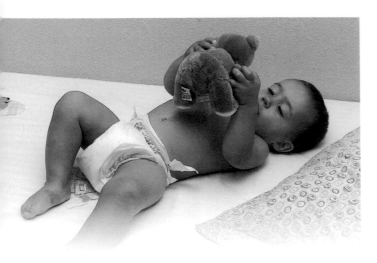

que descanse sin necesidad de dormir. Hay que encontrar una situación que le permita ese tipo de no actividad y ningún niño es igual a otro. Los padres tendrán que esforzarse para encontrar algo que permita que el niño esté quieto el tiempo suficiente para disfrutar de un descanso. Leerle cuentos, hacer con él algún juego simple de construcción, etc., pueden ser algunas sugerencias. No parece demasiado conveniente el sentarlos ya ante una pantalla y dejar que vean dibujos animados. Ya tendrá tiempo para eso un poco más adelante.

Esta es la época en la que, tal vez, cueste más trabajo hacer que el niño acepte de buen grado el tener que irse a la cama por la noche y por otra parte no es el mejor momento para que los padres, seguramente cansados por un largo día de trabajo, se fajen en una batalla para

Los juegos de construcción, cuentos y canciones son una actividad lúdica más reposada para momentos de descanso.

conseguir que el niño se quede en su cuarto tranquilamente dormido.

Hay quien piensa que la mejor manera de que un niño se duerma es darle un biberón y dejarle chupando en su cuna. Esta no es solución. Aparte de los problemas que puede provocar un biberón a esas horas y de esa manera (sobre la dentición, posible ahogo, etc.) el niño se acostumbrará a ese método y cada vez que se despierte pedirá otro biberón. Si es el chupar lo que tranquiliza al niño en esa hora tan crítica, lo mejor es el chupete. Otra manera muy drástica, es meter al bebé en la cuna y salir de su cuarto dejándole llorar.

Hay un término medio, siempre el mejor, que consiste en hacer con él alguna actividad tranquila cada vez que se le mete en la cuna, acompañarle un rato y luego salir del cuarto. Si el niño llora se entrará a intervalos de tiempo cada vez más distanciados para darle seguridad, pero sin sacarle de la cuna ni hacer nada para que se duerma. Poco a poco, el niño entenderá que esa es la hora de dormir y no vamos a permitir que se la salte.

Las emociones

A ESTA EDAD EL NIÑO COMIENZA A SENTIR EMOCIONES DE UNA FORMA MUY PRECISA Y NO TIENE, COMO LOS ADULTOS, ARMAS INTELECTUALES PARA AFRONTARLAS, POR LO QUE LA ANSIEDAD NO TARDA EN APARECER.

Son bastante claras las señales que emite un niño afectado por la ansiedad. Hay que estar muy atento a ellas para acudir rápidamente en su rescate.

LAS FOBIAS

Para un niño el mundo es un lugar lleno de cosas desconocidas. Algunas de esas cosas le producen temores y esos temores a su vez pueden convertirse en fobias. Este proceso no tiene una explicación racional, pero se produce. Un miedo normal se manifiesta cuando el niño está en presencia y muy cerca de aquello que le produce el miedo. Por ejemplo, un niño puede tenerle miedo al tobogán del parque y lo exteriorizará si se le trata de subir a él. Una fobia se desata cuando el niño se atemoriza aun cuando la causa de su miedo esté muy lejos o apenas representada en una imagen. Se sentirá incómodo y atemorizado por el simple hecho de estar en el parque que tiene un tobogán.

Lo primero que hay que hacer en esos casos es averiguar a qué le tiene fobia el niño y procurar que no se enfrente con lo que teme, pero sin demostrar que también se tiene mie-

Síntomas de ansiedad

- El niño estará siempre pegado a su madre y la seguirá vaya donde vaya.
- Se mantendrá anormalmente callado y quieto sin atreverse a cometer ninguna de sus habituales travesuras.
- Se mostrará muy inquieto (ansioso) en lugares no habituales y ante personas desconocidas.
- Presenta muchas e inéditas dificultades a la hora de coger el sueño.
- Se despierta con pesadillas con una determinada frecuencia.
- No tiene apetencia por ninguna comida e incluso prefiere la comida propia de un bebé.

chos. Pero algunos de los que él considera derechos los adultos no permiten que los ejerza. Esto le causa frustraciones.

La primera de las frustraciones se las provocan al niño los adultos. Le prohíben unas cosas, le obligan a hacer otras. Hieren su dignidad, así que está dispuesto a pelearse con quien haga falta.

Otra frustración bastante común es la propiciada por otros niños. Lo normal es que un niño quiera el juguete de otro niño y que ese otro no se lo quiera dar, primera frustración. Si un niño quiere abrazar a otro niño pero éste no quiere ser abrazado, segunda frustración. No hay que esperar que el niño resuelva los problemas de esta índole por sí mismo. Es todavía muy pequeño y la socialización es una disciplina que se aprende con el tiempo.

Algunos objetos, juguetes sobre todo, producen también frustraciones en el niño que quiere hacer con ellos algo para lo que no está destinado el juguete, o si es demasiado complicado para que él lo pueda hacer funcionar adecuadamente.

do. No es normal que el niño tenga varias fobias, pero si así fuera convendría consultárselo al pediatra.

LAS FRUSTRACIONES

Un niño desarrolla con mucha rapidez su sentido de identidad. En muy poco tiempo cobra conciencia de que es una persona con dere-

Las frustraciones pueden ser motores para el desarrollo del niño, pero hay que tener la precaución de no dejarle a solas con ellas sin ayudarle a solucionarlas, porque podrían desanimarle a tener amigos, a investigar juguetes, a aprender cosas nuevas.

LAS RABIETAS

Miedos, fobias, frustraciones y otras cuantas causas más aún por determinar, pueden hacer que se desencadenen en el niño monumentales rabietas.

Bajo una rabieta el niño está fuera de control. Correrá, pataleará, gritará y hasta interrumpirá su respiración llegando a ponerse azul. En estos casos tan profundamente inquietantes hay que saber que los reflejos del niño le obligarán a volver a tomar aire en sus pulmones mucho antes de que se produzca mal alguno, pero no cabe duda de que es una situación bastante preocupante.

Las rabietas son habituales en muchos niños y se presentan con distintos grados de violencia. Lo mejor sería evitarlas, pero no es tarea ni mucho menos fácil. Lo mejor que se puede hacer es aprender a afrontarlas procurando seguir algunos de los pasos que se explican en la página siguiente.

Aprender a jugar con otros y a compartir las cosas lleva tiempo. Los adultos deben animar y ayudar a los niños a conseguir un comportamiento solidario.

Rabietas

En esta etapa el bebé desarrollará el sentido de la posesión. Por eso si alguien le quita cualquier objeto que considere suyo, se enfadará y lo reclamará llorando y gritando. Además le dará mucho miedo cualquier cambio en su rutina habitual y reaccionará escondiéndose, discutiendo irracionalmente con sus padres, llorando y pataleando. En realidad, no se está volviendo agresivo ni difícil, sino que es su única manera de explicar a los adultos cuál es su voluntad, qué es lo que quiere y cómo lo quiere. Lo mejor que pueden hacer sus padres es ser pacientes e intentar que los cambios sean progresivos.

En su lucha interna por independizarse de sus padres, pero al mismo tiempo necesitarlos, el bebé tendrá pataletas. La actitud de los padres debe ser la del refuerzo postivo: ignorarle cuando tenga una rabieta y hacerle mucho caso cuando se porte bien.

- No se puede tratar de convencer a un niño enrabietado, ni tampoco agregar gritos a los suyos. El niño en ese momento es un perfecto exponente de la irracionalidad.

- Gritarle a un niño enrabietado es añadir rabia a su rabia. Esa es su percepción, así que mantén la calma.

- No hay que ceder ante la rabieta del niño pero tampoco hay que regañarle. De esa manera es posible que él se dé cuenta de que una rabieta no soluciona nada.

- No hay que tratar de calmarle cuando le asalte una rabieta en un lugar público. Se actuará de la misma manera que se hace en casa. De no ser así el niño elegirá esos lugares para hacer explotar su rabieta.

Los logros físicos

E S INCREÍBLE LA ENERGÍA Y LA FUERZA QUE UN NIÑO DESARROLLA EN ESTA ETAPA DE SU VIDA. EL SIMPLE HECHO DE APRENDER A ANDAR ES TODA UNA PROEZA. EL PROCESO QUE VA DESDE EL GATEO HASTA EL PASEO, ESTÁ MARCADO POR FASES MUY BIEN DEFINIDAS.

La primera fase, tras el dominio del gateo, es aquella en la que el niño aprende a levantarse apoyándose en algún mueble. Se desplaza de lado, deslizando primero un pie y luego el otro, pero sin perder el apoyo.

Durante la segunda fase, el niño se suelta y permanece de pie sosteniéndose sobre sus piernas pero no se desplaza. Para hacerlo, o bien vuelve a sujetarse, o bien se echa al suelo y gatea.

Se llega a la tercera fase cuando el niño se suelta de su apoyo y recorre, de pie, una distancia muy pequeña hasta llegar a otro apoyo. Camina, si a eso se le puede llamar caminar, con las manos por delante como para protegerse.

Pronto aumentará la distancia hasta recorrer prácticamente toda la estancia en la que esté haciendo su aprendizaje. Pondrá un pie detrás del otro y así dará sus primeros pasos sin tener ningún apoyo a mano.

De ahí a caminar con total libertad no hay más que un paso, nunca mejor dicho.

Se puede y se debe ayudar al niño a dar esos primeros pasos, pero sin obligarle a hacerlo. Para empezar habría que colocar los muebles

de la estancia en la que el niño va a realizar sus prácticas de tal manera que encuentre en ellos varios puntos de apoyo. El pavimento de esa estancia deberá ser blando (moqueta, alfombra, etc.), ya que un piso duro es para el niño como una pista de hielo. Pero la mejor ayuda es sin duda los brazos de su madre extendidos para proporcionarle el punto de apoyo para sus paseos. Y mucho mejor es si los dos puntos de apoyo que se le ofrecen son los brazos de su madre y los de su padre, colocados cada uno de ellos en un extremo de la sala.

En cualquier caso, conviene no forzar al niño, porque cada bebé tiene un ritmo distinto de desarrollo y puede que una estimulación demasiado tempranale desoriente o le haga tener miedo de progresar. Lo mejor será dejar que su propia naturaleza se encargue de ello.

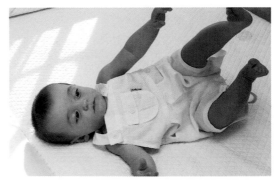

A los seis meses el bebé suele empezar a rodar sobre sí mismo y permanece sentado sin caerse. A los nueve tal vez comience a gatear y a los doce o trece se pondrá de pie dispuesto a dar sus primeros pasos, primero con apoyo y luego solo. Es fundamental vigilarle constantemente. En esta etapa el niño es más vulnerable que nunca a los golpes y otros accidentes domésticos.

SU CUERPO	SU MENTE
❏ Gatea con habilidad apoyándose en las manos y los pies. ❏ Entre los trece y los quince meses camina con cierta firmeza sin necesidad de que nadie le ayude. ❏ Consigue meter objetos en cajitas. ❏ Se divierte tirando lo que coge para oírlo caer. ❏ Con un lápiz en sus manos pinta rayajos sobre un papel o sobre lo que le sea más asequible.	❏ Mediante gestos, sonidos y actitudes es capaz de expresar sus emociones. ❏ Reconoce y pronuncia algunas palabras simples como mamá y papá. ❏ Comprende las preguntas poco complicadas que se le dirigen. ❏ Identifica imágenes.

SU CUERPO	SU MENTE
❏ Camina con pasos no muy firmes y con muchas precauciones, pero enseguida se le verá correr con entera libertad de acción. ❏ Se agacha y se incorpora él solo. ❏ Para subir escaleras al principio lo hace a gatas, más tarde trepa por ellas agarrándose con las dos manos y poniendo los dos pies en cada escalón. ❏ Es capaz de volver las páginas de un libro aunque puede romperlas.	❏ Es un imitador nato. Imita acciones, gestos y sonidos, sobre todo los onomatopéyicos de animales. ❏ Su memoria ya le permite recordar dónde está algo que se le ha pedido traer. ❏ Ahora cuando pinta, sustituye las rayas por manchas. ❏ Conoce por lo menos diez palabras y entiende significados contrapuestos como bueno y malo, dentro y fuera, aquí y allí.

SU ACTITUD	¿Qué hacer?
❑ Cuando con alguna actitud hace que los demás se rían, la repite una y otra vez. ❑ Se siente muy feliz estando entre la gente. ❑ Entiende casi todo lo que se le dice pero a veces no quiere obedecer lo que se le ordena. 	✔ Proporcionarle juguetes que produzcan música o simplemente ruido. ✔ Disfruta cuando se le leen cuentos sencillos y cortos. ✔ Le gusta jugar con juegos en los que tenga que accionar piezas para construir algo. ✔ Se le puede ofrecer papel y pinturas para que empiece a dibujar. ✔ Se le pueden enseñar fotos y dibujos para que identifique sus objetos.

SU ACTITUD	¿Qué hacer?
❑ Siempre quiere los juguetes de otros niños. ❑ Puede jugar cerca de otros niños pero no con ellos. ❑ Prefiere y busca a los adultos para que le hagan compañía. ❑ Expresa su amor por los miembros de su familia, por sus juguetes y por los animales de compañía en caso de tener uno. 	✔ Jugar con él a juegos interactivos, como tirarle una pelota grande y blandita y esperar a que él la devuelva o proponerle juegos de imitación o construir una torre con las piezas de un rompecabezas. ✔ Enseñarle a despegar y a volver a pegar el velcro, subir y bajar las cremalleras, abrir y cerrar los botones de su prendas de vestir o de sus zapatos y hacerle ver lo que cambia su vestido antes y después de cada acción.

21 a 24 meses

SU CUERPO	SU MENTE
 ❑ Sube y baja escaleras sin apoyarse con las manos pero poniendo aún los dos pies en cada peldaño. ❑ Ya puede comer y beber solo sin verter demasiado sobre el mantel. ❑ Consigue ponerse y quitarse los zapatos y los calcetines sin ayuda.	❑ Su vocabulario se enriquece con varias decenas de palabras pero muchas de ellas quieren decir cosas distintas. ❑ Es capaz de reconocerse cuando se pone delante de un espejo. ❑ Pide lo que quiere como comida, agua, un juguete... incluso el orinal. ❑ Sabe el significado de los posesivos, el de la afirmación y el de la negación. ❑ Dibuja extraordinarios garabatos. 

SU ACTITUD	¿Qué hacer?
❑ Imita a sus padres en todo lo que hacen. ❑ Está empezando a pelearse menos con los otros niños y juega con ellos aunque por poco tiempo. ❑ Le gusta llamar la atención de los adultos realizando acciones del estilo de agarrarles, enfadarse con ellos e incluso pegarles. 	✔ Junto con el lápiz, proporcionarle también plastilina para que modele sus figuras. ✔ Jugar cada vez que se pueda con él a juegos en los que tenga que intervenir cada vez más. Le encanta la pelota. ✔ Llamar a cada juguete u objeto que utilice el niño por su nombre y tratar de que él lo repita. ✔ Hacer de la hora de vestirse y de la hora de comer un pequeño reto en el que él cada vez intervenga más.

el bebé

de 24 a 36 meses

Su tercer año

esde que el niño completa su segundo año de vida hasta cumplir su tercer aniversario es el período de los grandes descubrimientos. A los veinticuatro meses el pequeño ya sabe caminar manteniendo el equilibrio, intenta correr, trepa a una silla, lanza objetos, da patadas a una pelota y se entrena en la utilización de la cuchara. Puede entender una orden simple, como «coge tu osito» o «trae la cuchara» o «dale la papilla al osito», pero si la orden es «trae una cuchara, coge a tu osito y dale la papilla» esta secuencia de órdenes simples requerirá un proceso de memorización para el que aún no está preparado. Pero antes de entrar en su tercer año de vida ha aprendido cosas tan importantes como a utilizar sus manos como herramientas. Podemos observar cómo el niño sujeta un objeto leve y pequeño entre los dedos índice y pulgar, cómo llama nuestra atención golpeando con la mano abierta sobre una superficie dura para obtener una resonancia mayor, cómo coloca los cubos del rompecabezas uno sobre otro y vuelve a colocarlos pacientemente cuando se derrumban o cómo intenta abrir una tapa de rosca utilizando todos los dedos de la mano.

El niño ya demuestra un buen desarrollo cognitivo en todas sus actividades. Identifica correctamente un sonido con el objeto que lo produce. Sabe que un perro pintado en un papel, o el de peluche con el que juega, o incluso la mascota viva de la casa, son parecidos. Todos son perros pero reconoce que uno es real y los otros no.

Este pequeño, que en el transcurso de su tercer año de existencia ha dado sus primeros pasos, algunos de gigante, en todas las áreas del desarrollo, va a entrar de lleno en un nuevo mundo lleno de cosas por descubrir en relación a su entorno, a las personas que le cercan y a él mismo. Cosas diferentes que irá almacenando en su cerebro y guardándolas para siempre.

En este momento el niño es mucho más independiente: es sorprendente cómo ahora puede saltar, subir las escaleras alternando los pies o beber de su vaso sin ayuda. Sin embargo nos recuerda lo mucho que nos necesita constantemente: es capaz de desvestirse él solo por completo, pero a penas sabe vestirse.

En la mitad del tránsito de los dos años a los tres, ya entiende los verbos en pasado y puede decir su nombre completo cuando le preguntan. Ha iniciado el camino sin retorno de la conquista del lenguaje y los padres serán testigos de cómo amplía su vocabulario cada día.

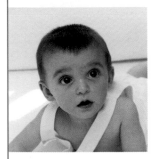

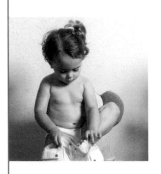

En esta etapa intentará ser «como los mayores» y será un buen momento para enseñarle definitivamente a ser autónomo, a comer solo de una forma correcta, vestirse y ponerse los zapatos, etc. Es una época maravillosa para verle crecer y acercarse cada vez más al niño, al joven y al adulto que será en el futuro, pero habrá que tener cuidado con las contradicciones que le plantean sus ansias de libertad y autonomía con respecto a sus padres y, por otro lado, su miedo a enfrentarse solo a lo desconocido.

Los padres aprenderán a ser firmes con él en algunas cosas fundamentales, pero a negociar y transigir en otras y deberían animarle a ser independiente dejándole jugar un rato a él solo o favoreciendo los encuentros con otros niños.

Por supuesto, no sería justo pedir independencia al niño para disfrutar de tranquilidad, pero luego reprocharle que ya no quiera estar tanto tiempo o tan apegado a sus padres. Si le vais a educar en libertad tendréis que asumir su autonomía como algo positivo y no sentir jamás celos de sus amiguitos o maestros, con los que pasa mucho más tiempo.

Le veréis alejarse poco a poco hacia su independencia y madurez, pero no olvidéis que os sigue necesitando... y mucho.

Desarrollo físico

EL NIÑO COMENZÓ SU TERCER AÑO. LA LLAMADA MOTRICIDAD GRUESA VA VIENTO EN POPA. DÍA A DÍA SUS CARRERAS SE HACEN MÁS FIRMES Y SEGURAS, CONSIGUE SUBIR LAS ESCALERAS ALTERNANDO LOS PIES, DOBLA EL CUERPO POR LA CINTURA PARA COGER ALGO DEL SUELO, SABE CAMINAR DE PUNTILLAS Y NO PIERDE EL EQUILIBRIO CUANDO SE AGACHA FLEXIONANDO LAS RODILLAS. POR FIN PUEDE PEDALEAR EN SU TRICICLO Y HACER DEL PASILLO DE SU CASA UNA ESTUPENDA PISTA DE CICLISMO. A LOS TREINTA Y SEIS MESES ESTE NIÑO, CASI UN ALPINISTA, TIENE UN GRAN CONTROL SOBRE SU MOTRICIDAD GRUESA.

No pocas veces se quejan los padres o los cuidadores del exceso de energía de los pequeños; «este niño no para» es una de las frases más comunes ante los saltos y carreras que parecen no tener fin. Pero, al igual que sucede con los adultos, la actitud de un pequeño no tiene por qué ser igual que la de otro y puede darse el caso de que alguno sea más comodón, más reacio al ejercicio físico. Ese niño es el que prefiere ir en su sillita a caminar unos pocos metros de la mano de su mamá, el que pasa más tiempo sentado en el suelo con sus juguetes que corriendo de un lado a otro de la casa. Nos parece perezoso, demasiado tranquilo, pero todo el mundo alaba su tranquilidad y buen comportamiento. Lo que se debe hacer en estos casos es incitarle a hacer ejercicio. Jugar con él «a pillar», sacarle a la calle de la manita cuando se trate de pequeñas distancias o dejarle suelto en el parque para que se sume a los juegos de otros niños.

Ahora que ya puede pedalear y trepar disfrutará muchísimo jugando en parques y jardines. Es necesario que éstos cumplan la normativa de seguridad y que los padres o cuidadores no dejen de vigilar a los pequeños en ningún momento.

Este período de la vida también está marcado por conquistas en el área de la llamada motricidad fina. Se trata de los movimientos más precisos, aquellos que hacen de las manos las mejores herramientas. El cerebro ya puede enviar las órdenes de movimiento a los músculos que sustentan la mano porque el cartílago se está transformando en hueso. Todavía está lejos de poseer la complejidad de la mano de un adulto con sus 27 huesos, pero la osificación está en desarrollo y la práctica es el mejor ejercicio. Conviene que el pequeño pueda ejercitar su motricidad con juguetes especialmente diseñados para ese fin. En esta edad se recomiendan los puzzles de formas geométricas, encajar en el espacio correspondiente una bola, un cuadrado o una media luna, activará la coordinación entre la vista y la destreza manual. A partir de la práctica con ese simple ju-

La compañía de otros niños es fundamental en estos momentos para su desarrollo integral.

guete, se utilizarán otros, cada vez un poco más sofisticados y cuando el niño se acerque a su tercer aniversario, sorprenderá a sus padres con el grado de dificultad que consigue superar, por ejemplo en las figuras que consigue elaborar con la plastilina o en la forma delicada de ensartar cuentas en un hilo. Puede beber en una taza sujetándola solamente con una mano, pasar las hojas de un libro una por una y consigue dibujar empleando su capacidad de observación y una buena dosis de imaginación. Cada vez que el niño logre realizar algo por primera vez, deberá sentirse admirado y felicitado por sus padres, está comprobado que el estímulo es el mejor motor de arranque para

nuevas proezas que le aportarán seguridad en sí mismo y en sus nuevas capacidades.

El cuerpo del niño de entre dos y tres años también sufre grandes alteraciones; va perdiendo esa barriguita típica del bebé, se estiliza y mantiene una postura más erguida. Lo que preocupa a los padres, muchas veces sin justificación, es que el desarrollo de su hijo no se ajuste al percentil establecido, pero no todos los niños son igual de altos, o tienen la misma estructura ósea, o el mismo peso y eso no significa que algo vaya mal. El pediatra es quien, a partir de las revisiones pertinentes, tiene la última palabra y detectará algún problema si existiera. En la revisión médica de los treinta y seis meses, el médico podrá evaluar los índices de crecimiento comprobando su peso y altura, verificará sus reflejos, auscultará su pecho para oír el ritmo cardíaco y conocer el estado de sus pulmones; también examinará los ojos, oídos, nariz y garganta, y efectuará el control de vacunas. Un reconocimiento completo durante el cual el pediatra detectará algún problema, si lo hubiere, y recomendará el tratamiento o las pruebas complementarias para el diagnóstico.

En esta fase el niño ya puede comer en la mesa con la familia y con una pequeña ayuda, cada vez menor, lo hará solito. Esto es importante tanto en el orden social como en el práctico, pues imitará a las demás personas y aprenderá a comer correctamente. Si mamá y papá comen verduras a él, que no le gustaban, le empezarán a parecer más atractivas. La alimentación tiene que ser variada, evitando productos precocinados por su contenido en aditivos artificiales. El pediatra recomendará la dieta más adecuada que, al no tener ninguna restricción específica, constará en las debidas proporciones de proteínas (carne, pescado, huevos, lácteos), hidratos de carbono (patatas, pan, pasta, cereales) frutas y verduras. La bebida por excelencia es el agua, nada mejor para calmarles la sed y mantenerles hidratados en épocas de calor o en estados febriles. Conviene evitar los refrescos industriales por su alto contenido en azúcares: un zumo de fruta recién exprimida resulta mucho más sano, nutritivo y delicioso.

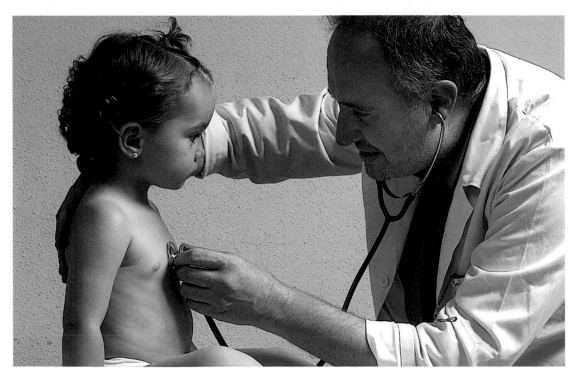

Es necesario acudir sistemáticamente a todas las revisiones médicas rutinarias y seguir siempre las recomendaciones que nos dé el pediatra.

Entre los dos y los tres años, el bebé dejará de usar los pañales definitivamente y adquirirá nuevos hábitos higiénicos.

Hay que acostumbrar al pequeño a que después de cada comida se lave los dientes. Los padres le enseñarán haciéndolo delante de él y, lo que al principio será motivo de juego, con el tiempo se transformará en una saludable y necesaria rutina.

Es también en esta edad cuando se dice «adiós» a los pañales definitivamente. Durante el año anterior ya se inició el proceso, sentándole en el orinal y quitándole el pañal por algunos minutos. Hay niños que entran en su tercer año de vida utilizándolos solamente para dormir pero, por regla general, los abandonarán completamente entre los veinticuatro y treinta y cuatro meses. Aunque ya se haya acostumbrado a hacer sus necesidades en el orinal, o en el retrete «como los mayores», conviene preguntarle, de vez en cuando, si tiene ganas de hacerlas porque muchas veces, distraído con algún juego, se olvidará de ese pipí que ya le había avisado y se lo hará encima. Es el momento de recordarle que es importante su atención, evitando sin embargo que se sienta amonestado.

«Mi hijo duerme mal». Es una queja muy frecuente que oyen los pediatras. Existen diversas razones para que esto ocurra y muchas de ellas pueden resolverse con la ayuda de los padres, creando al niño un hábito de sueño desde muy temprano. No se puede permitir que sea él quien dicte las normas a la hora de dormir. A esta edad que nos referimos, entre los dos y tres años, el pequeño ya debe estar acostumbrado a dormir solo en su cuarto e ir a la cama siempre a la misma hora. Es importante establecer la rutina de baño, cena, minutos de conversación y cama, siempre a la misma hora para crear en él un hábito saludable. Una buena táctica es dejarle que vea un libro durante unos minutos, antes de ir a darle un beso de buenas noches y apagarle la luz. Esta práctica se convierte en una costumbre imprescindible, muy eficaz para que el niño concilie el sueño con normalidad. Hay que tener en cuenta que el niño es un ser muy activo, que crece rápidamente, gasta mucha energía durante el día y necesita reponerla con un descanso largo y profundo. En esta edad las horas de sueño no podrán ser inferiores a diez, aunque pueden variar de niño a niño; por eso los pediatras aconsejan que duerman entre nueve y trece horas de cada veinticuatro.

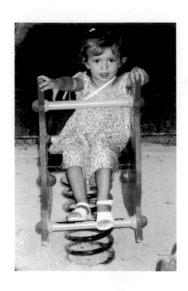

Pautas para el desarrollo normalizado del bebé

- Revisión médica.
- Estimulación de la motricidad a través de juegos pedagógicos.
- Seguir una dieta sana y nutritiva.
- Respetar los horarios de las comidas y de sueño.
- Inculcar nociones de higiene.
- Estimulación de la memoria visual y auditiva.
- Elegir el momento de la retirada de los pañales.
- Controlar la seguridad dentro y fuera de casa poniendo fuera del alcance del niño materiales peligrosos (enchufes, productos tóxicos, medicinas, fuego, etc.)

Pero, ocasionalmente, ocurren algunos trastornos no patológicos del sueño infantil, como hablar dormido de manera ininteligible (somniloquia) o tener pesadillas en las que el niño recuerda lo que le ha angustiado durante el sueño; esto ocurre durante la segunda mitad de la noche, basta calmarle y volverá a dormir tranquilamente. Los terrores nocturnos durante las primeras horas de la noche, en las que el pequeño llora, se le reconoce un gesto de miedo y tiene sudoración fría pero permanece profundamente dormido. Aunque la tendencia natural de cualquier madre sea la de abrazarle y consolarle, no se le debe despertar: él solo se tranquilizará y recuperará su sueño normal. Muchos niños sorprenden con el clásico «chirriar de dientes» en cuanto duermen; esta anomalía llamada bruxismo ocurre cuando hay alguna malformación maxilo-facial y los maxilares se contraen excesivamente pudiendo provocar alteraciones dentales. Para subsanar el problema existen unas prótesis correctoras de uso nocturno.

Desarrollo emocional

HASTA AHORA, EL NIÑO HA ENTENDIDO SU VIDA DE UN MODO EGOCÉNTRICO, TODO GIRA EN TORNO A ÉL. ÉL SE RÍE, ÉL LLORA, ÉL SIENTE DOLOR, HAMBRE, FRÍO, CALOR O LE MOLESTA LA HUMEDAD DE SU PAÑAL, PERO EMPIEZA A DARSE CUENTA QUE HAY OTRAS PERSONAS A QUIENES TAMBIÉN LES OCURREN COSAS Y ENTONCES SE INICIA SU RELACIÓN SOCIAL. A MEDIDA QUE ES MÁS CONSCIENTE DE ESE MUNDO COMPARTIDO, QUIERE SER MÁS INDEPENDIENTE Y TENER UNA MAYOR AUTONOMÍA, PERO A VECES SE ENCUENTRA CON EL INCONVENIENTE DE SUS PROPIAS LIMITACIONES.

Entonces, y como ya tiene esa relación social establecida, sabe que necesita ayuda de otra persona y la pide. Pero esta sociabilidad no se manifiesta de un momento para otro, resulta de un aprendizaje diario, de un ir dejando atrás paulatinamente al pequeño egocéntrico que era. Entre otras muchas cosas, este año va a aprender a compartir, entenderá que en su vida cotidiana el dar y recibir son conceptos que caminan juntos. Es bastante habitual que el niño demuestre un comportamiento egoísta, no quiera compartir sus juguetes o reclame toda la atención para él. Estas actitudes deben corregirse, sin dar grandes explicaciones sobre la importancia de ser generoso que él no entendería, pero diciendo, simplemente, «eso está mal», poco a poco irá relacionando la crítica a su acción y aprenderá a compartir, sobre todo si cuando lo haga se le reconoce y estimula.

En esta etapa, los bebés van dejando atrás su egocentrismo y se vuelven mucho más sociables aprendiendo a compartir juegos y juguetes y disfrutando de nuevos ambientes.

Seguramente es en el desarrollo emocional, junto al intelectual, donde los cambios producidos en el pequeño se hacen más patentes. Es como si anduviese por un camino recto cortado por una línea imaginaria, la atravesase y continuase el camino. Hasta llegar a la línea, el que caminaba era un bebé; al dejarla atrás se ha convertido en un niño ante el que se abre un mundo desconocido lleno de incógnitas y él,

todo un explorador, avanza resolviéndolas una a una y almacenando todas las nuevas experiencias en su prodigiosa memoria.

Hará patente su inseguridad y su inexperiencia emocional de las más diversas maneras: enrabietándose, negándose a hacer algo que se le pide o comportándose con agresividad. De la misma manera habrá ocasiones en las que demuestre su cariño poniendo toda su fuerza en un abrazo y besando repetidamente a la persona, objeto de su repentino amor. Puede pasar de un estado de enfado a uno de euforia sin apenas unos minutos de intervalo. Esa inestabilidad emocional es completamente normal y la forma de ayudarle es

Cuando el niño no consigue algo que quiere, incluso una cosa sin importancia, se enfadará mucho y demostrará su frustración con una rabieta. Los niños no son conscientes de su agresividad: sólo tienen esa vía para mostrar sus emociones.

Cualquier miembro de la familia le puede infundir confianza y seguridad, incluso en un medio como el agua.

transmitiéndole serenidad, demostrándole comprensión en cada uno de los imprevisibles cambios de humor y explicándole el motivo que los provoca. El pequeño puede no comprender lo que le provoca enojo, o celos pero los padres sí, por lo que cabe a ellos hacérselo entender e inspirarle seguridad y confianza.

Hay momentos en los que una rabieta parece no tener fin, hasta el punto de que consigue poner nerviosa a la persona más serena de la casa. La rabieta es una forma que el niño encuentra para llamar la atención. Al no saber controlar sus sentimientos opta por soltarlos en forma de gritos, llanto y pataleo. Posiblemente haya sido desencadenada por algo a lo que los adultos no dan ninguna importancia, como no conseguir alcanzar un juguete, pero que para el niño es una catástrofe. Cuando no se consigue calmar el berrinche del pequeño, lo mejor es permanecer cerca de él sin insistir en hablarle, mucho menos levantarle la voz, y esperar que vaya cediendo por el cansancio, eso sí, después de asegurarse que no existe nada físico que le incomode. Una vez se haya calmado, se le preguntará el porqué de la rabieta mientras se le acaricia y se le abraza para infundirle seguridad. Normalmente, a medida que su vocabulario es más extenso y su dicción más clara, estos berrinches se van espaciando hasta desaparecer porque uno de los desencadenantes principales es el sentirse incomprendido.

Cuando el pequeño se calme, se podrá intentar razonar con él y preguntarle por qué se ha enfadado tanto haciéndole ver que no era algo tan importante. Siempre debe hacerse prestando un apoyo emocional al niño, cariño y comprensión.

Mes a mes, casi día a día, el niño va adquiriendo mayor autonomía, dominando sus movimientos, expresando mejor sus deseos y necesidades. Esa autonomía le hace sentir más seguridad y entender mejor sus emociones. Pero para que la sensación de seguridad sea completa, es necesario que también se sienta protegido en su entorno y sepa que las personas que le rodean le protegen en todo momento. Hay que explicar al niño sus propios sentimientos, hacerle saber que se le comprende, proporcionarle distracción y no perder nunca la paciencia. Que el tiempo que se le dedica sea un tiempo de calidad, sin tensiones, repleto de juegos e imaginación pero un tiempo también de disciplina. Los padres tienen que hacer entender cariñosamente a sus hijos cuál es el comportamiento correcto y cuál el inadmisible. Ponerle límites que él comprenda y enseñarle a respetarlos. Atribuirles pequeñas tareas, como guardar sus juguetes o ayudar a llevar los cubiertos a la mesa. Inculcarles el sentido del humor, saber escucharles, evitar los enfrentamientos, estimularles con elogios merecidos y crearles responsabilidades son las directrices para que los niños crezcan con seguridad y confianza.

Para no olvidar:
- Enseñarle a compartir.
- Inspirarle seguridad y confianza.
- Ponerle límites de comportamiento.
- Atribuirle responsabilidades.
- Dedicarle tiempo de calidad.

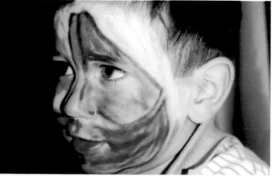

Jugar con los niños y estimular su imaginación y creatividad es la mejor manera de ayudarles a crecer.

Desarrollo intelectual y lingüístico

EL NIÑO VA A REALIZAR ENORMES PROGRESOS DURANTE EL TRANSCURSO DE ESTE AÑO. EN UNA PRIMERA FASE APRENDERÁ A ENTENDER LA SECUENCIA ENTRE UNA ACCIÓN Y LA REACCIÓN: «SI APRIETO ESTE BOTÓN SUENA UNA MÚSICA» Y, CUANDO YA DISTINGA LOS COLORES, EL SIGUIENTE PROCESO SERÁ: «APRETANDO EL VERDE SUENA, APRETANDO EL ROJO SE APAGA». SU RACIOCINIO ESTÁ TRABAJANDO A UNA MARCHA EXCELENTE, SU LENGUAJE ENRIQUECIÉNDOSE DÍA A DÍA CON LA APORTACIÓN DE NUEVAS PALABRAS Y SU MEJOR PRONUNCIACIÓN. YA EMPIEZA TAMBIÉN A DOMINAR IDEAS ABSTRACTAS MÁS COMPLEJAS QUE EL ENCIMA Y ABAJO, DENTRO Y FUERA, SALIR Y ENTRAR, ETC. ES IMPORTANTE QUE SE LE AYUDE A EJERCITAR LA MEMORIA PUES, A MAYOR MEMORIA, MAYOR CAPACIDAD DE CONCENTRACIÓN. PARA ELLO EXISTEN UNA SERIE DE JUEGOS, COMO EL DOMINÓ DE DIBUJOS O LAS CARTAS DE IMÁGENES, QUE RELACIONAN UN OBJETO CON OTRO, POR EJEMPLO UNA FLOR Y UNA REGADERA O UN COCHE Y UNA CALLE. EL PEQUEÑO NO SÓLO ESTARÁ MEMORIZANDO LOS OBJETOS DE CADA CARTA O FICHA SINO QUE TAMBIÉN LOS ESTARÁ RELACIONANDO ENTRE SÍ.

Hacia los treinta meses, el vocabulario del niño se compone de unas trescientas palabras, a partir de ese momento comenzará la fase del ¿por qué? Todos los padres veteranos la

Para no olvidar

Los dibujos de los niños dicen mucho sobre sus preocupaciones o temores, pero también son un exponente de su desarrollo psicomotriz y cognitivo. También es importante que empiecen a aficionarse a la lectura.

recuerdan como algo que, en momentos, llegó a ser complicado. Hay que encarar ese tiempo de constante interrogación con una buena dosis de paciencia y bastante imaginación, pues es fundamental para el desarrollo intelectual del pequeño. Lo mejor es responderle de un modo simple, sin extenderse en una explicación más elaborada, guardando una pausa entre una y otra pregunta para que él tenga el tiempo que necesite para pensar en la respuesta. Muchas veces, demostrando un enorme sentido del humor, el niño abusa de la interrogación como forma de juego; después de haber obtenido las respuestas requeridas continúa con sus «interminables» ¿por qué?, ríe a carcajadas y espera que se rían también de la gracia que ha inventado.

El niño de treinta y cuatro meses ya es capaz de contar hasta diez, o incluso más. Durante algún tiempo los padres le han repetido la secuencia de números, como si de un juego se tratase, y él la ha repetido obedeciendo a su sonido. Pero ahora, contando con sus deditos o apoyado por algún juguete, de los muchos que hay para tal efecto, entiende la relación numérica. Puede también atribuir cantidades a objetos: un coche, dos flores, tres

- Estimular su memoria visual y auditiva.
- Responder a todas sus preguntas con explicaciones cortas pero claras.
- Participar en sus juegos didácticos y creativos, como el teatro de marionetas, la lupa, la pizarra, etc.
- Leerle pequeños cuentos y poesías para estimular su afición a la lectura.
- Pedirle que relate lo ocurrido en el colegio.
- Estimular su amistad con otros niños.
- Ayudarle a perfeccionar su motricidad y equilibrio con juegos de movimiento.
- Dejarle dibujar para que desarrolle su imaginación.
- Estimularle intelectualmente con juegos que incluyan conceptos, cuentas, comparaciones, clasificaciones, etc.

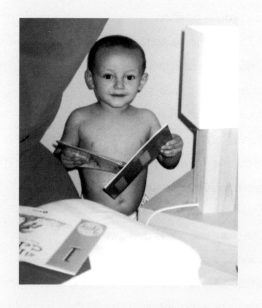

pelotas... como también es capaz de memorizar una canción y cantarla entendiendo su significado.

En el niño, el pensamiento es más rápido que la capacidad de expresarlo porque el lenguaje todavía no está lo suficientemente desarrollado. Tiene que buscar las palabras, ordenar las frases y eso le lleva su tiempo. Muchas veces, la tendencia de las personas en un intento de ayudar, es la de terminar la frase que el pequeño tarda en construir. No se debe cometer ese error, hay que demostrar atención a lo que está queriendo decir y esperar a que él termine de construir la frase con sus propias palabras.

El niño ha adquirido una autonomía suficiente que le hace sentirse más seguro. Ha superado convenientemente su ingreso en pre-primaria. Lo más probable es que, por la vida profesional de sus padres, con anterioridad haya frecuentado una guardería, por lo que la convivencia con otros niños es algo a lo que está habituado. Ha aprendido a relacionarse con las personas que no integran su núcleo familiar, a compartir información, curiosidades y juegos.

Sabe mantener conversaciones y, ocasionalmente, pasa mucho tiempo hablando de un mismo tema que ocupa todo su interés, como su experiencia en el colegio durante ese día.

24 a 30 meses

SU CUERPO	SU MENTE
❑ Corre, dándole patadas a una pelota sin caerse... casi. ❑ Todavía no sabe frenar su carrera y le es difícil dar la vuelta a una esquina. ❑ Baila siguiendo el ritmo de una música que sea de su agrado. ❑ Puede amontonar varios objetos en equilibrio. ❑ Sus manos tienen ya la agilidad necesaria para desenroscar un tapón, abrochar un botón o subir y bajar una cremallera. 	 ❑ Su vocabulario es ya de unas trescientas palabras y consigue construir frases empleando verbos. ❑ Su capacidad de atención se ha multiplicado. ❑ Le interesan y sabe distinguir los colores aunque todavía no sabe nombrarlos.

30 a 36 meses

SU CUERPO	SU MENTE
 ❑ Salta manteniendo los dos pies en el aire. ❑ Su equilibrio ya le permite caminar de espaldas y saltar sobre una sola pierna. ❑ Se quita él solito la ropa.	❑ Cuando ve su nombre escrito en letras mayúsculas, lo reconoce. ❑ Su vocabulario ya consta de casi mil palabras y las usa con soltura y fluidez. ❑ Nombra los colores. ❑ Sabe que hay niños y hay niñas. Es consciente del grupo al que pertenece. ❑ Entiende el sentido del concepto «mañana». 

SU ACTITUD	¿Qué hacer?
❏ Pronuncia su propio nombre para hablar de sí mismo. ❏ Explota en rabietas con bastante frecuencia. ❏ Siempre intenta imponer su voluntad. ❏ Busca la independencia pero con el permiso de sus padres. 	✔ Hay que ponerle la música que más le gusta y animarle para que baile. Es un buen ejercicio. ✔ Proporcionarle juegos de construcción para que sus manos vayan adquiriendo agilidad y pericia. ✔ Enseñarle a colocar cada cosa en su sitio. ✔ Mantener la calma ante sus rabietas y tratar de razonar con él cuando se haya calmado.

SU ACTITUD	¿Qué hacer?
❏ Sigue siendo un pequeño egoísta y no entiende que todos aprueben lo que hace. ❏ Empieza a ser social con los otros niños. ❏ Le pueden sobresaltar distintos tipos de miedos: a la oscuridad, a los animales, a la gente diferente, etc. 	✔ Leerle el mismo cuento (mejor si es de animales) una y otra vez para que lo reconozca. ✔ Ofrecerle juguetes con ruedas para poder hacerlos rodar y recorrer trayectos imaginarios. ✔ Dejarle jugar con agua, tierra y pompas de jabón. ✔ Jugar a la vida real: peinar a los muñecos o echarle gasolina al coche. ✔ Ofrecerle un triciclo pequeño. Esta criatura que llegó hace tres años, que fue superando limitaciones físicas, desarrollando su cuerpo, aprendiendo cosas y almacenándolas en su mente prodigiosa, hoy entra en un nuevo ciclo de la vida.

Declaración de los derechos del niño

(Asamblea general de las Naciones Unidas, 29 de noviembre de 1959)

1. El niño disfrutará de todos los derechos enunciados en esta Declaración. Estos derechos serán reconocidos a todos los niños sin excepción alguna ni distinción o discriminación por motivo de raza, color, sexo, idioma, religión, opiniones políticas o de otra índole, origen nacional o social, posición económica, nacimiento u otra condición, ya sea del propio niño o de su familia.

2. El niño gozará de una protección especial y dispondrá de oportunidades y servicios, dispensado todo ello por la Ley y por otros medios, para que pueda desarrollarse física, mental, moral, espiritual y socialmente de forma saludable y normal, así como en condiciones de libertad y dignidad. Al promulgar las leyes con este fin la consideración fundamental a que se atenderá será el interés superior del niño.

3. El niño tiene desde su nacimiento derecho a un nombre y a una nacionalidad.

4. El niño debe gozar de los beneficios de la Seguridad Social. Tendrá derecho a crecer y desarrollarse con buena salud; con este fin deberán proporcionarse tanto a él como a su madre, cuidados especiales, incluso atención prenatal y posnatal. El niño tendrá derecho a disfrutar de alimentación, vivienda, recreo y servicios médicos adecuados.

5. El niño física y mentalmente impedido o que sufra algún impedimento social, debe recibir el tratamiento, la educación y el cuidado especial que requiere su caso particular.

6. El niño, para el pleno y armonioso desarrollo de su personalidad, necesita amor y comprensión. Siempre que sea posible deberá crecer bajo el amparo y la responsabilidad de sus padres y, en todo caso, en un ambiente de afecto y seguridad moral y material; salvo circunstancias excepcionales, no deberá separarse al niño de su madre. La sociedad y las autoridades públicas tendrán la obligación de cuidar especialmente a los niños sin familia o que carezcan de medios apropiados de subsistencia. Para el mantenimiento de los hijos de familia numerosa conviene conceder subsidios estatales o de otra índole.

7. El niño tiene derecho a recibir educación, que será obligatoria y gratuita por lo menos en las etapas elementales. Se le dará una educación que favorezca su cultura general y le permita, en condiciones de igualdad de oportunidades, desarrollar sus aptitudes, su juicio individual, su sentido y llegar a ser un miembro útil de la sociedad. El interés superior del niño debe ser el principio rector de quienes tienen la responsabilidad de su educación y orientación; dicha responsabilidad incumbe, en primer término, a sus padres. El niño debe disfrutar plenamente de juegos y recreaciones, los cuales deberán estar orientados hacia los fines perseguidos por la educación; la sociedad y las autoridades públicas se esforzarán por promover el goce de este derecho.

8. El niño debe, en todas las circunstancias, figurar entre los primeros que reciben protección y socorro.

9. El niño debe ser protegido contra toda forma de abandono, crueldad, y explotación. No será objeto de ningún tipo de maltrato. No deberá permitirse a ningún niño trabajar antes de una edad mínima adecuada; en ningún caso se dedicará ni se permitirá que se dedique a ocupación o empleo alguno que pueda perjudicar su salud o educación, o impedir su desarrollo físico, mental o moral.

10. El niño debe ser protegido contra las prácticas que puedan fomentar la discriminación racial, religiosa o de cualquier otra índole. Debe ser educado en un espíritu de comprensión, tolerancia, amistad entre los pueblos, paz y fraternidad universal y con plena conciencia de que debe consagrar sus energías y aptitudes al servicio de sus semejantes.